HISTOIRE

D'ESPAGNE

ET

DE PORTUGAL

Par YSABEAU.

PARIS

N.-J. PHILIPPART, ÉDITEUR

4, rue Honoré-Chevalier, 4

ET DANS LES DÉPARTEMENTS

Chez tous les Libraires

1861

TABLE.

HISTOIRE

D'ESPAGNE ET DE PORTUGAL.

AVANT-PROPOS.

Les peuples de la péninsule hispanique, comprenant l'Espagne et le Portugal, ont occupé longtemps une place importante dans l'histoire générale du genre humain; l'histoire particulière de ces peuples présente un vif intérêt, surtout en raison du service immense qu'ils ont rendu à l'Europe chrétienne, en refoulant l'invasion musulmane, pendant les longs siècles employés par eux à reconquérir pied à pied, sur les mahométans arabes, le sol de leur patrie.

L'histoire du Portugal n'est distincte de celle de l'Espagne qu'à partir du xiie siècle, époque où un prince français, de la maison de Bourgogne, fonde l'existence politique du Portugal et donne à ses habitants les caractères d'une nationalité séparée; de ce moment, le Portugal conquiert sa place parmi les peuples les plus illustres d'Europe.

Mettre en relief les faits généraux les plus saillants, les traits les plus prononcés, les hommes les plus remarquables de la péninsule hispanique dans chaque siècle, en observant un ordre chronologique rigoureusement exact; laisser dans l'esprit du lecteur une impression vraie de l'histoire de cette péninsule en conservant aux faits, aux événements et aux hommes leur couleur et leur valeur, autant que le comporte un cadre nécessairement limité : tel a été le but de ce résumé de l'histoire de deux grands peuples, histoire que, de nos jours, il n'est, pour ainsi dire, permis à personne d'ignorer.

—

1re ÉPOQUE.

Depuis les temps fabuleux jusqu'à la chute de l'Empire romain.

On ne sait rien de positif sur l'histoire des peuples qui ont habité primitivement la péninsule hispanique antérieurement au temps où les Carthaginois et les Romains s'en disputèrent la possession. La tradition, car les documents écrits manquent entièrement, nous montre les *Ibères*, peuple venu probablement des bords de la mer Noire, établis en Espagne à une époque à laquelle il n'est pas possible d'assigner de date certaine, et donnant à ce pays le nom d'*Ibérie*. Les Ibères, toujours avant le commencement des temps historiques, luttent pour la possession de leur conquête contre une race indigène, dont il ne subsiste aucun souvenir, et contre les Celtes, nos ancêtres, venus du fond de l'Asie comme les Ibères, sans qu'on sache avec précision ni leur point de départ ni la date de leur invasion en Europe. Les Celtes finissent par se fondre avec les Ibères, pour former la nation longtemps puissante des Celtibères ou Celtibériens. On sait que la langue encore parlée de nos jours par les Basques français et espagnols, passe pour être celle des anciens Ibères, comme le bas-breton passe pour l'antique idiome des Celtes.

L'origine des Phéniciens, que l'Écriture sainte nomme Philistins, ancêtres des Carthaginois envahisseurs de l'Espagne, n'est pas plus connue que celle des Ibères et des Celtes. D'après Hérodote, c'était un peuple très avancé en civilisation, chassé de l'intérieur de l'Asie par des voisins beaucoup plus puissants que lui, et refoulé jusqu'aux bords de la Méditerranée. Manquant de territoire, ce peuple, selon l'expression pittoresque d'Hérodote, adopta la mer pour patrie. Carthage, la plus puissante des colonies maritimes phéniciennes, fonda premièrement en Espagne de florissantes villes sur les points de la côte les mieux situés pour le commerce ; Cadix sur l'Océan et Barcelone sur la Méditerranée sont des colonies carthaginoises, de même que Port-Mahon dans l'île de Minorque et une foule de villes de moindre importance. Plus tard, tentés par la richesse et la fertilité de la péninsule hispanique, ils en entreprirent la conquête qu'ils avaient en grande partie réalisée, lorsqu'ils se rencontrèrent sur ce champ de bataille avec leurs implacables rivaux, les Romains. Ce fut seulement 230 ans avant notre ère qu'Amilcar, père d'Annibal, après huit ans de guerres continuelles, soumit aux Carthaginois la plus grande partie des peuples Ibères et Celtes de l'Espagne, trop divisés entre eux pour opposer une résistance couronnée de succès ; quelques peuplades montagnardes échappèrent seules à la conquête phénicienne.

Asdrubal, gendre d'Amilcar, et son successeur dans le gouvernement de l'Espagne soumise à Carthage, fonde Carthagène ou Carthage-la-Neuve, dans une admirable situation ; il allait en faire la capitale d'un royaume puissant, soustrait à l'autorité du sénat de Carthage, lorsqu'il mourut assassiné (227 ans avant J.-C.). Les Romains avaient dès lors pénétré en Espagne, appelés par les chefs des peuplades soulevées contre la domination avide et cruelle des Carthaginois. Annibal, succédant aux projets de sa famille sur l'Espagne, commença par prendre et brûler, après un long siége, Sagonte, ville celtibérienne restée fidèle à l'alliance de Rome qui n'envoya pas à son secours.

De 217 à 214 avant J.-C., les forces romaines, sous les Scipions, firent en Espagne de rapides conquêtes, pendant qu'en Italie Annibal mettait Rome à deux doigts de sa perte ; ces succès, compensés par de grands désastres, où deux des Scipions perdirent la vie, n'étaient que le prélude de la véritable conquête de la péninsule hispanique par Publius Scipion, qui porta plus tard le surnom d'Africain.

De 211 à 206 avant J.-C., par une suite de guerres heureuses, P. Scipion mit fin à la domination des Phéniciens en Espagne, et ce pays devint définitivement province romaine. Plusieurs fois, le pouvoir tyranniquement exercé par Rome sur ces belles contrées fut mis en question par la valeur désespérée des habitants ; peu s'en fallut que Viriate, de la province de Lusitanie, actuellement Portugal, ne délivrât sa patrie et toute l'Espagne, ce qui serait probablement arrivé si les Romains n'avaient réussi à se débarrasser de Viriate par un assassinat, après que ce chef, aussi habile que brave, eut fait essuyer à leurs légions plusieurs sanglantes défaites (140 ans avant J.-C.).

La résistance aux Romains ne finit pas par la mort de Viriate. Numance, ville puissante, capitale des Pélindones, peuple celtibérien qui habitait la province actuelle de la Vieille-Castille, ne put être réduite que par un long et mémorable siége, à la suite duquel les Romains la détruisirent sans en laisser subsister aucun vestige (132 ans avant J.-C.).

De 81 à 72 avant J.-C., l'Espagne devint florissante, et ses peuples s'imprégnèrent tout à fait de la civilisation romaine, sous Quintus Sertorius, qui s'en était rendu maître et s'était concilié l'affection des habitants, lorsqu'il périt assassiné. Quand la fortune se fut prononcée pour César, et que l'empire romain eut pris naissance, l'Espagne où les lois, les arts et les mœurs de Rome avaient fortement pris racine, en fut longtemps une des provinces les plus calmes et les plus florissantes, bien qu'elle eût à supporter sa part des malheurs du monde romain sous les mauvais empereurs. Cet état de choses se prolongea jusque vers l'an 406 de notre ère, date de la grande invasion des barbares dans la péninsule hispanique. Ce qui prouve qu'avant le commencement de cette invasion formidable, les habitants de la péninsule avaient accepté la domination romaine, et que l'ancien esprit de révolte et d'indépendance y était complétement éteint, c'est qu'à partir du règne d'Auguste jamais les forces militaires, entretenues par l'empire en Espagne pour tenir le pays dans la soumission, ne se composèrent de plus de trois légions, c'est-à-dire de 18 à 20,000 hommes. Ces forces eussent été tout à fait insuffisantes, si l'obéissance aux lois de l'empire n'avait pas été complète et volontaire.

De tous les empereurs romains depuis Auguste, Trajan, fils adoptif de Nerva qui lui transmit l'empire, fut celui qui fit le plus de bien à l'Espagne, où il était né. Il sillonna le pays de routes indestructibles et l'orna de nombreux monuments, dont une grande partie subsiste encore. Le christianisme fit en Espagne de rapides progrès sous la domination romaine, malgré de cruelles persécutions; à la chute de l'empire, la plus grande partie de l'Espagne était chrétienne.

2ᵉ ÉPOQUE.

De l'invasion des barbares en Espagne, à la chute du royaume des Visigoths.

Constantin, qu'il ne faut pas confondre avec Constantin le Grand, qui donna son nom à Constantinople, venait d'être proclamé empereur par les légions chargées de garder la Grande-Bretagne (405). Il n'eut pas de peine à joindre à ses possessions la Gaule et l'Espagne, dont son fils Constant effectua rapidement la conquête. Ce jeune prince revint aussitôt rejoindre son père, laissant à Gérontius, général romain investi de toute sa confiance, le soin de garder les passages faciles à défendre, par lesquels une armée étrangère peut pénétrer en Espagne ; jusqu'alors, ces passages avaient été gardés par les indigènes ; ceux-ci avaient eu d'autant moins de peine à en défendre l'accès, qu'ils n'avaient jamais été attaqués.

En 406, un flot de barbares du Nord, composé principalement de Vandales, de Suèves et d'Alains, envahit et ravagea cruellement la plus grande partie de la Gaule romaine ; l'empire romain, qui n'existait déjà plus que de nom, ne pouvait s'y opposer, et Constantin ne tenta pas sérieusement de repousser les envahisseurs. Ce fut alors que Gérontius révolté voulut proclamer un empereur de sa façon, Maximus, auquel les barbares promirent leur appui. Gérontius leur livra, pour prix de leur concours, les passages des Pyrénées, par lesquels ils se ruèrent sur l'Espagne, et la mirent à feu et à sang. Néanmoins, quelque étrange que ce fait puisse paraître, la domination romaine à son déclin avait dans la péninsule hispanique si peu de partisans, que la population ne se souleva pas pour résister aux barbares. Lorsque ceux-ci, las de leur vie errante et aventureuse (411), songèrent à établir solidement leur puissance sur l'Espagne, le peuple parut accepter sans difficulté ses nouveaux maîtres. Le partage fut opéré par la voie du sort ; les Vandales, les mieux partagés, obtinrent la Galice dans le nord et la Bétique dans le sud ; cette dernière province prit plus tard le nom de Vandalœrie ; c'est l'Andalousie actuelle. Les Alains eurent pour leur part la Lusitanie, actuellement le Portugal ; les Suèves eurent presque tout le reste de l'Espagne. L'empire romain en conserva néanmoins une faible partie, dont Tarragone était le chef-lieu.

Le repos que la population paisible et laborieuse de la péninsule avait espéré pouvoir goûter sous les rois vandales, alains et suèves, ne fut pas de longue durée. Les Visigoths, d'abord comme alliés des Romains, sous leur roi Théodoric II (456), envahirent à leur tour l'Espagne et attaquèrent les rois suèves, devenus très puissants par le départ volontaire des Vandales, qui étaient allés fonder un royaume dans l'Afrique romaine. Théodoric gagna sur les Suèves la bataille décisive d'Astorga, et les força de se soumettre nominalement à sa puissance ; mais il n'occupa point l'Espagne et se retira dans le midi de la Gaule, où son peuple était fortement établi. Ce ne fut que plus tard, quand les Francs, conduits par Clovis et ses successeurs immédiats, leur eurent rendu impossible la conservation de leurs possessions dans la Gaule, qui commençait à porter le nom de France, que le peuple entier des Visigoths songea sérieusement à aller chercher en Espagne une nouvelle patrie. Les rois visigoths Theudès, Theudégisilde, Agila et Athanagilde, étendirent leurs conquêtes sur la plus grande partie de l'Espagne, dont une portion continuait cependant à obéir à des rois suèves, complétement effacés de l'histoire. L'un des successeurs d'Athanagilde, le roi Leugiwilde, fut le vrai fondateur de la puissance des Visigoths en Espágne. Il en chassa définitivement les Grecs byzantins qui possédaient une partie des côtes au nom des empereurs de Constantinople, réduisit à un état de complète dépendance les rois suèves du nord de la péninsule, et n'y laissa subsister aucune puissance rivale de la sienne (581). Malheureusement, ses succès furent traversés par les révoltes continuelles de l'un de ses fils, Hermenegilde, auquel il pardonna plusieurs fois, mais qu'il finit par faire tuer dans sa prison, ne pouvant vaincre son obstination dans la révolte (585). La même année, les généraux de Leugiwilde mirent fin à la monarchie des Suèves, et réunirent aux États de Leugiwilde ceux du dernier roi suève, Andeca, qui s'était révolté après avoir juré fidélité au roi des Visigoths. La monarchie des Suèves en Espagne avait duré, avec des fortunes diverses, 176 ans, de 409 à 585. De ce moment, le nom même des Suèves ne reparaît plus dans l'histoire de la péninsule.

A partir de Récarède, fils et successeur de Leugiwilde, les Visigoths, qui jusqu'à cette époque avaient
continué à professer l'hérésie d'Arius, embrassèrent
le catholicisme , ce qui consolida leur puissance sur
les peuples de la péninsule, qui avaient toujours ré-
sisté à cette hérésie (586). La monarchie des Visigoths ralliés au catholicisme s'étendit sur toute la
péninsule et s'y maintint de 586 à 701.

A cette époque, la couronne des Goths d'Espagne
ou Visigoths était portée par Roderik ou Rodrigue,
prince très diversement jugé par les chroniqueurs de
son temps. Ce qui est incontestable, c'est que l'ancien
esprit guerrier des Goths s'était affaibli peu à peu
chez les Visigoths, aussi bien que chez la population
indigène soumise depuis si longtemps à leur pouvoir ;
telle paraît être la cause véritable des succès prodi-
gieux de l'invasion des Arabes musulmans dans la
péninsule hispanique.

Les Arabes venaient de conquérir tout le nord de
l'Afrique et d'y fonder un puissant empire, quand ils
commencèrent à tourner leurs vues vers l'Espagne.
Le comte Julien, d'origine espagnole ou romaine,
comme l'indique son nom, gouvernait pour le roi
Rodrigue les possessions que ce prince conservait
encore en Afrique. La plupart des historiens contemporains assurent qu'une fille du comte Julien ayant
été outragée par le roi Rodrigue, le comte, pour s'en
venger, appela les Arabes et facilita leur débarque-
ment sur les côtes d'Espagne. Ce pays offrait en effet
une proie facile à saisir aux conquérants musulmans ;
les campagnes étaient admirablement cultivées ; les
villes nombreuses et florissantes étaient riches par
suite d'une longue paix, et la population, aussi bien
les descendants des Visigoths que ceux des Romains
et des indigènes, était si peu belliqueuse, que les rois
goths, depuis Leugiwilde, avaient en vain renouvelé
de règne en règne des lois et des décrets pour l'appe-
ler à la défense du pays ; ces lois n'étaient pas obéies,

tant il existait alors en Espagne d'aversion pour la guerre et le métier de soldat ! La connaissance de ce seul fait explique comment, après la perte d'une seule bataille, dans laquelle Rodrigue fut tué, l'invasion musulmane (711) ne rencontra, pour ainsi dire, nulle part de résistance sérieuse. Quant à la trahison du comte Julien, quoiqu'il reste des doutes sur l'histoire de sa fille, il est certain que ce fut lui qui livra l'Espagne aux Arabes, et l'on voit même, dans les récits des historiens de cette nation, qu'il prit part, après comme avant la mort de Rodrigue, aux conseils de guerre dans lesquels étaient arrêtées les expéditions des conquérants musulmans.

Il y a peu d'exemples de batailles aussi acharnées que celle de Xérez de la Frontera, où Rodrigue perdit la couronne et la vie ; on se battit, presque sans interruption, du dimanche 19 juillet 711 jusqu'au dimanche suivant ; l'élite de la noblesse des Visigoths périt dans cette bataille de huit jours.

La porte une fois ouverte, des flots sans cesse renouvelés d'envahisseurs arabes inondèrent la péninsule ; elle n'eut pas moins à souffrir alors qu'au temps de l'invasion des Vandales, des Suèves et des Alains. Theudemir, élu roi des Visigoths par la partie de la nation qui espérait encore échapper à la conquête, dans la région montagneuse de la province de Grenade, ne put s'y maintenir. La lutte était trop inégale ; cerné dans Orihuela, sa dernière place forte, il dut s'estimer heureux d'obtenir une capitulation honorable, en renonçant pour toujours à l'espoir de relever la monarchie des Visigoths.

3ᵉ ÉPOQUE.

De la chute du royaume des Visigoths à celle des Ommiades d'Espagne.

La conquête de l'Espagne, proposée au calife Walid par Musa, qui gouvernait pour ce prince les pays conquis par les Arabes dans le nord de l'Afrique, avait été commencée par Tarek-ben-Zéjad, un des généraux sous ses ordres. Ce fut Tarek qui gagna sur les Visigoths la bataille de Xérez de la Frontera, que les historiens nomment aussi bataille du Guadalète, parce qu'elle fut livrée près des bords de la rivière de ce nom. Musa passa alors en Espagne pour compléter l'œuvre de la conquête. Il fut activement secondé par les juifs alors très nombreux en Espagne, et ennemis jurés des Visigoths. Musa enrôlait et armait les juifs; il leur confiait la garde des places conquises, et tenait lui-même la campagne avec les troupes musulmanes. Ce fut ainsi qu'avec l'aide de son fils aîné, Abdelaziz, Musa soumit toute l'Espagne, sauf la contrée montagneuse des Asturies, qui conserva son indépendance. La jalousie des califes, ses maîtres, réservait à Musa une triste récompense de ses services. Son fils Abdelaziz fut condamné et exécuté au milieu de ses conquêtes ; Musa lui même, dépouillé de tous ses biens, fut retenu longtemps en prison, et alla mourir, pauvre et misérable, dans la petite ville de l'Arabie où il était né (716).

Les Arabes, maîtres de l'Espagne, ne tardèrent pas à franchir les Pyrénées. Dès l'année 717, ils envahirent le midi de la France, du pied des Pyrénées aux bords du Rhône; mais ils ne purent s'y maintenir, et durent, après trois ans d'incursions dévastatrices, repasser les Pyrénées et rentrer en Espagne. Trois ans plus tard, les Musulmans d'Espagne revinrent à la charge et mirent le siége devant Toulouse ; mais Eudes, duc d'Aquitaine, vint à temps au secours de la ville et fit éprouver aux Arabes une sanglante défaite ; néanmoins, ceux-ci conservèrent Narbonne et quelques territoires dans le midi de la France, au pied du versant français des Pyrénées.

Les Arabes n'avaient pas renoncé à leur projet de joindre toute la France à leurs possessions d'Espagne; en 732, ils envahissent le royaume des Francs avec une armée formidable commandée par Abderrhaman, leur plus habile général. Tout le pays entre les Pyrénées et la Loire fut horriblement ravagé par l'invasion musulmane ; mais Karl Martel, chef de la vaillante nation des Francs, défit complétement les Arabes entre Tours et Poitiers, dans une bataille décisive où Abderrhaman perdit la vie. De son armée qui s'enfuit en déroute, bien peu de guerriers arabes repassèrent les Pyrénées. Cet échec mémorable sauva l'Europe et dégoûta pour toujours les Arabes d'Espagne du projet d'en entreprendre la conquête.

A l'intérieur, les conquérants musulmans de la péninsule ne virent rien de mieux pour conserver leurs possessions que de la coloniser ; il y vint des bandes innombrables d'Arabes de l'Yémen, de Syriens, de Persans, d'Égyptiens, de Maures d'Afrique. Ces derniers, plus nombreux et plus haïs que les autres, furent regardés par les chrétiens comme leurs plus cruels ennemis ; le nom de Maures ou Mores fut donné dès lors à l'ensemble des conquérants et des colons mahométans. La population chrétienne, d'abord traitée avec assez de modération, fut réduite au plus dur esclavage, obligée de travailler pour ses maîtres, qui s'attribuèrent le tiers du produit de toutes les terres cultivées par les chrétiens. Cet état de choses, qui dura des siècles, explique suffisamment la haine profonde et irréconciliable qui divisa constamment en Espagne les chrétiens et les Mores, jusqu'à l'entière expulsion de ces derniers.

Les califes, au nom desquels la conquête de l'Espagne avait été premièrement réalisée, firent d'abord régir ce pays par des gouvernants que désignait le vice-roi de leurs possessions en Afrique. Plus tard, ces gouvernants, dont l'obéissance n'était que nominale, se rendirent indépendants et fondèrent en Espagne plusieurs royaumes séparés qui ne se rattachaient par aucun lien d'obéissance aux gouvernants musulmans d'Asie ou d'Afrique. Ce fut là surtout ce qui facilita aux chrétiens l'expulsion, très lente à la vérité, de leurs maîtres, si justement détestés.

Cependant les montagnes inaccessibles des Asturies, où n'avaient pu pénétrer ni les Carthaginois, ni les Romains, ni même les Goths au temps de leur plus grande puissance, servaient de refuge à une poignée de chrétiens groupés autour de Pélage, prince du sang royal des Goths, qui, après avoir vaillamment combattu aux côtés du roi Rodrigue, n'avait pas désespéré de la cause du christianisme en Espagne. Attaqué par les Musulmans dans les montagnes abruptes, il y fit éprouver aux agresseurs une sanglante défaite, après laquelle ses compagnons lui donnèrent le titre de roi. Ces faits, conservés par la tradition populaire, ne sont mentionnés dans aucun historien du temps, arabe ou chrétien; les chroniqueurs ne les ont recueillis, d'après la tradition, que longtemps après. Le royaume chrétien des Asturies ne commence historiquement qu'au règne d'Alonzo (Alphonse Ier). Ce prince vaillant, de 729 à 757, enleva plusieurs provinces du nord de l'Espagne aux Musulmans; son royaume, quoique d'une étendue très limitée, fut le point de départ de la délivrance de l'Espagne, après une lutte qui dura plus de huit siècles.

Afin de bien comprendre les caractères de cette lutte pendant les deux siècles qui suivirent la conquête, il est nécessaire de considérer les exploits d'Alphonse II, que la pureté de ses mœurs fit surnommer le Chaste. Ce prince ne laissa pas un instant se refroidir l'ardeur belliqueuse de ses sujets. Chaque printemps voyait se renouveler ses incursions sur le territoire musulman. Après une victoire, il se hasardait quelquefois très loin de ses frontières, car il lui arriva de pousser une pointe jusqu'à Lisbonne, ville dès lors fort importante qu'il enleva par surprise, mais qu'il n'avait aucune intention de conserver. Le système de guerre de ce prince, système suivi avec une persévérance infatigable par ses successeurs, était admirablement approprié à son temps et à son pays. Avait-il un succès, il couvrait de places fortes et de châteaux forts la portion du pays ennemi qu'il croyait pouvoir joindre définitivement à ses États. Avait-il un revers, ce qui lui arrivait rarement, il se retirait vers les montagnes, laissant l'ennemi s'épuiser à faire le siége de toutes les forteresses, jusqu'à ce qu'il saisît l'occasion de battre les Arabes et de les chasser.

Malgré la colonisation, les Arabes étaient peu nombreux en Espagne, relativement à l'étendue des pays conquis ; la polygamie et les mœurs dissolues des Orientaux ne favorisent pas l'accroissement de la population ; les chrétiens diminuaient en nombre de jour en jour ; partout où pénétrait Alphonse le Chaste, dans des provinces qu'il ne pouvait garder, il emmenait avec lui les familles chrétiennes qui ne demandaient pas mieux que de le suivre, et qui s'établissaient à demeure sur les terres définitivement reconquises. Ainsi, les États d'Alphonse se peuplaient sans cesse de chrétiens, dont la partie jeune et valide grossissait les rangs de son armée, tandis que par ce système, conforme aux lois de l'humanité comme à celles de la politique, il ruinait et dépeuplait les pays musulmans voisins de ses frontières. N'ayant plus d'esclaves chrétiens pour cultiver leurs terres, les musulmans les laissaient en partie incultes, et s'affaiblissaient ainsi de plus en plus. Les divers royaumes chrétiens, fondés à la même époque dans le nord de l'Espagne, se sont consolidés par le même système.

Alphonse II le Chaste agrandit la ville d'Oviédo, dont il fit sa capitale. Il y fonda un évêché et l'orna de monuments religieux, dont on admire encore de nos jours la magnificence. Alphonse II le Chaste avait régné 51 ans, lorsqu'il mourut, âgé de 70 ans, au mois de mars 842. Le roi Ramire, désigné par Alphonse II pour lui succéder, conclut une paix passa-

gère avec les Musulmans, paix rendue nécessaire par
le besoin qu'éprouvait ce prince de réunir toutes ses
forces pour repousser les invasions des pirates nor-
mands, qui, sous la conduite de leur chef Wikingur,
portaient la désolation sur les côtes du nord de l'Espagne (843). Battus, mais non détruits par Ramire
aux environs de la Corogne, ils poursuivirent le cours
de leurs ravages le long des côtes, attaquant sans
distinction chrétiens et musulmans. Après avoir fait
beaucoup de mal, ces pirates furent enfin anéantis
par les sages mesures que sut prendre contre eux
l'émir Abderrhaman, qui possédait alors la plus
grande partie de l'Espagne, et qui les dégoûta pour
longtemps de reparaître sur les côtes de la péninsule
(845). Ce fut vers le même temps que la province de
Bardulie, gouvernée par des comtes à peu près indépendants, prit le nom de Castille, qu'elle porte encore
aujourd'hui. Ce nom est dérivé de la multitude de
châteaux forts (castillos) qu'il fallait élever pour
pouvoir garder le pays à mesure qu'il était repris pied
à pied sur les Musulmans. A la mort de Ramire, le
royaume qu'il laissa à son fils Ordogno comprenait
les Asturies, la Galice, la Biscaye et une partie de la
Bardulie, qui déjà commençait à être nommée le
comté de Castille, en attendant qu'elle devînt un
royaume. Ramire mourut, après huit ans de règne,
en 850. Ordogno lutta vaillamment contre les Musulmans qui l'attaquaient sans cesse par terre et par
mer; il détruisit leur flotte, et, tantôt défait, tantôt
vainqueur, il se soutint sans étendre beaucoup le territoire de son royaume. Ordogno mourut, après seize
ans de règne, en 866.

Le règne brillant d'Alphonse III, surnommé à juste
titre le Grand, fit faire au contraire des progrès rapides à la puissance des chrétiens dans le nord de
l'Espagne. Alphonse III suivit avec constance le système inauguré par Alphonse II, d'accroître la population de ses États, en emmenant à chaque expédition

les chrétiens qui pouvaient le suivre, et en ne gardant des pays envahis que ce que ses forces lui permettaient d'en conserver. Les villes importantes de Coïmbre, Lamégo, Viseu et Salamanque, furent ses principales acquisitions ; ces villes lui restèrent avec leur territoire, et, pour se donner le temps de travailler efficacement à la prospérité intérieure de ses États, il conclut et observa fidèlement un traité de paix et d'alliance avec l'émir de Cordoue, Abdallah, qui, sans son appui, aurait été renversé par ses sujets révoltés. Par ses soins, Diégo, comte de Castille, rebâtit et peupla Burgos. Zamora, Toro et Simencas, sur le Duéro, furent agrandies et fortifiées sous le règne d'Alphonse III, qui fit de plus construire près d'Oviédo, sa capitale, le château fort de Gauzo, où était gardé le trésor royal. La principale victoire du long règne d'Alphonse III fut celle de Zamora, où il fit éprouver aux Musulmans, malgré la supériorité de leurs forces, une déroute complète (901). La fin du règne de ce grand prince fut troublée par d'amers chagrins domestiques. Une conspiration fut ourdie contre lui par sa femme Ximène et son fils aîné Garcias. Bien qu'il eût fait arrêter Garcias, qu'il retint prisonnier dans le château de Gauzo, le dégoût s'empara de lui et il abdiqua, cédant volontairement la couronne à ce même fils rebelle ; puis il sollicita et obtint du nouveau roi une armée à la tête de laquelle il voulait se faire tuer, en combattant les Musulmans ; mais la mort fuit souvent ceux qui la cherchent dans les combats. Alphonse, revenu vainqueur de son expédition, mourut, à son retour, de fatigue et probablement aussi de chagrin (910).

Alphonse III fut le dernier des rois chrétiens du nord de l'Espagne qui porta le titre de roi des Asturies. Ses successeurs, à partir de Garcias son fils, quittèrent la résidence d'Oviédo, et, s'étant fixés dans la grande et importante ville de Léon, dont ils firent leur nouvelle capitale, ils prirent le titre de rois de

Léon. En même temps, la Navarre devenait un royaume indépendant, Barcelone et la Catalogne avaient des comtes héréditaires aussi puissants que des rois, et la Castille touchait au moment de former, elle aussi, un puissant État chrétien.

Il est nécessaire de donner un coup d'œil aux événements de cette même période, qui se rapportent aux contrées de l'Espagne soumises aux Musulmans. Des événements étrangers à l'histoire d'Espagne avaient renversé en Orient la puissance des califes de la dynastie des Ommajiades ou Ommiades, quand une branche de cette même dynastie se rendit puissante et indépendante en Espagne, où la belle et florissante ville de Cordoue devint la capitale des rois arabes, qui prenaient le titre d'émirs (princes). Le premier de ces princes fut Abderrhaman, que ses ennemis avaient surnommé El-Darkel (l'usurpateur). Échappé seul au massacre de tous les membres de sa famille en Asie, il réussit à passer en Espagne, rallia autour de lui les partisans encore nombreux de la maison des Ommiades, défit successivement ses compétiteurs, et resta maître du trône de Cordoue, qu'il occupa de 755 à 787. Sous son règne, il eut à combattre, outre de fréquentes révoltes de ses rivaux musulmans, les guerriers du royaume naissant des Asturies, et les Francs, qui souvent franchissaient les Pyrénées et envahissaient la Navarre et la Catalogne.

L'émir Hescham, fils d'Abderrhaman, lui succéda et défit les armées de ses frères qui lui disputaient le trône (788). Son règne fut signalé par des excursions dans le midi de la France, où les Arabes ne purent prendre pied, mais qu'ils dévastèrent cruellement, et dont ils rapportèrent un riche butin, employé en partie à bâtir la grande mosquée de Cordoue qui subsiste encore, convertie en église cathédrale (794).

El-Hakem, fils d'Hescham, lui succéda en 797, à l'âge de 25 ans. Ni lui ni ses plus habiles généraux n'obtinrent de succès dans leurs guerres contre les chrétiens ; le règne d'El-Hakem fut troublé par de continuelles révoltes, noyées dans des flots de sang. Après avoir commis des cruautés qui l'avaient rendu odieux aux Musulmans autant qu'aux chrétiens, El-Hakem mourut en 822. Durant la dernière année de son règne, El-Hakem avait à peu près abandonné le pouvoir à son fils Abderrhaman, qui lui succéda sous le nom d'Abderrhaman II. Ce fut sous son règne que l'armée des Francs essuya, en repassant les Pyrénées, la sanglante défaite de Ronces-Valles (Roncevaux) en 824. Comme son prédécesseur, cet émir eut à combattre de fréquentes révoltes qui l'empêchèrent de faire de grands progrès contre les rois chrétiens. Il exerça de cruelles persécutions contre les chrétiens qui, sans se révolter contre lui directement, tournaient en raillerie l'islamisme, délit qu'il punissait de mort. Il mourut en 852, après un règne long et fort agité. On ne peut s'empêcher de reconnaître impartialement que sous les émirs ommiades, principalement sous Abderrhaman II, les sciences, les lettres et les arts florissaient dans l'Espagne musulmane, alors que la plupart des États chrétiens de l'Europe étaient encore plongés dans la barbarie et l'ignorance.

Après ce règne brillant, la puissance des Ommiades ne fait que décliner sous les successeurs d'Abderrhaman II, Muhammed et El-Mondhir (852 à 888), et Abdallah Ier (888 à 912).

Revenons aux États chrétiens de la péninsule. La Navarre avait eu plusieurs princes à peu près indépendants, quoiqu'ils reconnussent la suzeraineté tantôt des rois Francs maîtres de l'Aquitaine, tantôt des rois des Asturies. Sanche Ier porta le premier le titre de roi de Navarre et régna probablement de 905 à 925 : les documents certains sur l'histoire de la Navarre à cette époque manquent absolument.

A la mort d'Alphonse III, Garcias, son successeur, fut forcé de partager ses États avec ses frères Ordogno et Kroïla. Garcias étant mort après 3 ans de règne, Ordogno II réunit tous les États d'Alphonse III et les agrandit par de nouvelles conquêtes sur les Musulmans (914 à 924). Tantôt vainqueur, tantôt battu, il n'en contribua pas moins à consolider le nouveau royaume de Navarre, que ses secours empêchaient de succomber sous les attaques des Musulmans. Après les règnes courts et insignifiants de Froïla et d'Alphonse IV, surnommé le Moine, parce qu'après s'être retiré dans un monastère il tenta de reprendre sa couronne, le trône de Léon fut occupé par Ramire II, qui prit et pilla Madrid, alors possédée par les Arabes, mais qui ne put conserver cette ville, et remporta plusieurs éclatantes victoires sur les Musulmans, spécialement celle de Simancas (21 juillet 929). Ramire II mourut après un règne de plus de 20 ans, en 950. Son fils, Ordogno III, lui succéda et mourut jeune encore, après un règne de 5 ans (955), rempli par ses guerres contre les Musulmans. Les historiens chrétiens lui attribuent des victoires qui sont transformées en défaites dans les récits des historiens arabes.

Abderrhaman III, malgré plusieurs défaites essuyées par ses armées dans leurs guerres contre les chrétiens, rend au trône des Ommiades d'Espagne tout son éclat, et substitue le titre de calife à celui d'émir, dont les rois musulmans de Cordoue s'étaient alors contentés (912 à 961). Le règne d'El-Hakem II, qui succède à son père Abderrhaman III, est paisible et prospère ; ce calife respecte les traités conclus par son père avec les princes chrétiens, et les laisse en repos (961 à 976). Sous le calife Hescham II, fils d'El-Hakem II, monté sur le trône à l'âge de 5 à 6 ans, toute l'autorité fut exercée par Muhammed ben Abdallah, plus connu dans l'histoire par son surnom d'Almanzor (El-Mansour, le Victorieux). A la mort d'El-Hakem II, Almanzor régna de fait, avec le titre de Haajeb (gouverneur du prince), à peu près comme les maires du palais avaient régné sous les rois mérovingiens, à qui l'histoire a donné le nom de rois fainéants.

Almanzor mérita son surnom par une suite de victoires favorisées par la discorde qui régnait parmi les princes chrétiens ; peu s'en fallut qu'il n'anéantît complétement, comme il en avait formé le dessein, les royaumes chrétiens en Espagne. Enfin, l'imminence du péril fit taire les rivalités entre des princes réduits tous aux mêmes extrémités. Rassemblés avec tout ce qui leur restait de forces, ils attendirent les Arabes au pied des Pyrénées, à Calut-Annonsor. Almanzor y éprouva une sanglante défaite, et mourut de ses blessures, peu de temps après (1er juillet 1002). Il avait exercé le suprême pouvoir pendant 25 ans environ.

Les fils d'Almanzor et les autres membres de sa famille, que l'histoire désigne sous le nom d'Alamérides, ne purent réussir à substituer leur dynastie à celle des Ommiades. De 1002 à 1037, l'Espagne musulmane fut en proie à toutes les horreurs de la guerre civile ; les walis, ou chefs militaires des provinces, refusèrent l'obéissance aux califes qui passaient comme des ombres sur le trône de Cordoue ; enfin, la dynastie des Ommiades, qui avait dominé dans l'Espagne musulmane pendant près de trois siècles avec un grand éclat, s'éteignit dans la personne de Hescham III, chassé de Cordoue en 1037. Chaque gouverneur de province prit alors le titre d'émir, agit en souverain indépendant, et il n'y eut plus de pouvoir central dirigeant les destinées des populations musulmanes de la péninsule hispanique.

4ᵉ ÉPOQUE.

De la chute des Ommiades à la prise de Grenade.

A la chute des Ommiades, il n'aurait tenu qu'aux princes chrétiens de porter le dernier coup à la puissance des Arabes dans la péninsule ; leurs discordes intestines y mirent obstacle. Les crimes les plus atroces semblent faire partie à cette triste époque des mœurs des familles royales. C'est ainsi que Garcias, comte de Castille, venu à Léon pour épouser Sancha, sœur de Bermudes III, roi de Léon, est assassiné à la porte de l'église, entre les bras de sa fiancée, probablement avec le consentement, sinon par ordre du roi lui-même. Sanche le Grand, roi de Navarre, fut le seul qui sut profiter habilement de l'affaiblissement des Musulmans dans la péninsule pour se former un puissant État qui pourtant ne lui survécut pas, ce prince s'étant conformé à la coutume fatale de partager ses États entre ses enfants (1035). Deux ans après, Bermudes III ayant été tué dans une bataille contre deux des fils de Sanche le Grand, et n'ayant pas laissé d'héritier, les deux couronnes de Castille et de Léon se trouvèrent de nouveau réunies sur la tête de Ferdinand Ier (1037). Bermudes III fut le dernier roi de la race des anciens rois visigoths, qui avaient longtemps régné sur toute la péninsule. Ferdinand, le plus puissant des rois chrétiens en Espagne de son temps, réalisa d'importantes conquêtes sur les émirs musulmans, et mourut à Léon, après un règne de 37 ans (1065).

A sa mort, ses États furent partagés entre ses fils, et les crimes, les empoisonnements, les fratricides, se multiplièrent dans la famille royale. Ces dissensions laissaient respirer les Musulmans. Les principaux États du nord de l'Espagne se trouvèrent de nouveau réunis sous le sceptre d'Alphonse VI, roi de Léon, de Castille et de nombreux districts qu'il enleva successivement aux Musulmans. Le succès le plus éclatant de ce prince fut la prise de Tolède, l'ancienne capitale des rois visigoths, dans laquelle il fit son entrée solennelle le 23 mai 1085. Tolède était restée 372 ans entre les mains des Musulmans. Le projet d'Alphonse VI était évidemment de soumettre toute l'Espagne musulmane, et il y fût parvenu, si les principaux émirs n'eussent pris, pour prévenir cette catastrophe, un parti désespéré.

L'empire de Maroc venait d'être fondé en Afrique par Yussef-ben-Taschfin, chef de la secte fanatique et belliqueuse des Almoravides. Malgré l'opposition de quelques émirs plus prévoyants que les autres, les Almoravides furent appelés au secours des Musulmans d'Espagne ; ce fut une nouvelle invasion analogue à celle à laquelle la porte avait été ouverte par la trahison du comte Julien. Yussef-ben-Taschfin, débarqué avec une nombreuse armée d'Africains, gagne d'abord sur Alphonse VI la bataille de Zalaca (1086), qui pouvait être aussi fatale aux chrétiens d'Espagne que celle du Guadalète l'avait été aux Visigoths ; mais Yussef avait d'autres vues. Il soumit successivement les émirs qui l'avaient appelé à leur secours, et se trouva bientôt maître à la fois de tout le nord de l'Afrique et de toute l'Espagne musulmane. Ce vaste empire des Almoravides, que Yussef transmit à son fils Ali (1103), ne fut pas durable. Déjà sous Ali, successeur immédiat de Yussef, son fondateur, il était miné de toutes parts, en Espagne ainsi qu'en Afrique, par l'esprit de révolte et d'indépendance des gouverneurs des provinces.

Ce fut vers cette époque, au commencement du XII° siècle, que le royaume d'Aragon, jusqu'alors l'une des moindres d'entre les principautés chrétiennes du nord de l'Espagne, prit rang presque tout à coup parmi les plus grands États du monde chrétien.

Le roi de Castille et de Léon, Alphonse VI, toujours languissant depuis la bataille de Zalaca où il avait été grièvement blessé, avait marié sa fille Urraca au prince Alphonse Ier, roi d'Aragon. Quand les Almoravides firent invasion en Castille, ne pouvant se mettre lui-même à la tête de ses troupes, Alphonse VI envoya à sa place, pour encourager les chrétiens par sa présence, son fils unique Sanche, âgé seulement de 11 ans. L'armée chrétienne fut vaincue, et le jeune prince Sanche périt à la bataille d'Uclès, gagnée par l'armée des Almoravides (1108). Il en résulta que, comme époux de la princesse Urraca, Alphonse d'Aragon se trouva hériter des royaumes de Léon et de Castille avec leurs dépendances, ce qui, joint à ses États héréditaires et au comté de Barcelone, qu'il venait d'y réunir, le rendait maître de toute l'Espagne chrétienne. Le vieux roi Alphonse VI mourut en 1109, après avoir réglé sa succession et mis ordre aux affaires de son royaume. Il avait gagné, dans le cours de sa longue carrière, trente-neuf batailles.

A la même époque, Henri de Bourgogne, qui avait épousé une fille d'Alphonse VI, obtint un État de peu d'étendue, mais indépendant, sous le nom de comté de Portugal ; c'est l'origine du royaume de Portugal et le point de départ de la nation portugaise, qui n'existait pas encore. Alphonse d'Aragon, qui fit presque continuellement la guerre et mérita par là le surnom d'Alphonse le Batailleur, fut malheureusement entravé dans ses opérations contre les Almoravides par les guerres civiles que lui suscita sa femme Urraca. S'étant séparée de lui, cette princesse, qui se prétendait de son propre chef reine de Castille, leva des troupes et lutta avec des chances diverses contre celles d'Alphonse qui, en dépit de cette entrave à ses projets, battit à plusieurs reprises les armées des Almoravides, et reprit sur les Musulmans l'importante place de Saragosse, dont il fit sa capitale ; il y avait quatre siècles que Saragosse appartenait aux Musulmans. Alphonse le Batailleur mourut comme il avait vécu, les armes à la main, à la bataille de Fraga (1134), dans une embuscade que lui tendirent les Almoravides ; avant cette défaite où il se fit tuer, ce roi n'avait jamais été vaincu.

A la mort d'Alphonse le Batailleur, l'Aragon cessa de tenir le premier rang parmi les royaumes chrétiens d'Espagne ; la Castille, réunie au royaume de Léon sous le sceptre d'Alphonse Raymondèz, fils de la reine Urraca et de son premier mari, Raymond de Bourgogne, reprit le premier rôle. Après plusieurs victoires sur les Almoravides, Alphonse Raymondèz prit le titre d'empereur d'Espagne, et agit en suzerain envers les autres princes de l'Espagne chrétienne. A cette époque, la puissance des Almoravides ayant été renversée en Afrique par une autre secte d'un fanatisme plus ardent, celle des Almohades, se trouva fort compromise en Espagne, où la guerre civile était en permanence parmi les Musulmans. Un parti puissant se forma contre les Almoravides dans le midi de l'Espagne, et l'empereur Alphonse, longtemps leur ennemi acharné, fit alliance avec eux et les aida même à reprendre Cordoue, qu'ils ne purent conserver (1147). Maîtres de l'Afrique septentrionale, les Almohades envahirent l'Espagne et prirent Cordoue (1148). L'empereur Alphonse tenta vainement de leur tenir tête ; forcé de battre en retraite devant leurs forces supérieures, il mourut, autant de douleur que de ses blessures, le 21 août 1157. La puissance des Almoravides en Espagne peut être considérée comme éteinte à la même époque.

Ce fut sous le règne de l'empereur Alphonse Raymondèz que le Portugal, dont on a vu les heureux commencements, prit place parmi les nations chrétiennes de la péninsule. Le premier souverain de cet État naissant, Henri de Bourgogne, aussi désigné dans l'histoire sous le nom de Henri de Besançon, déploya autant de talent que de courage, et ne prit pas d'autre titre que celui de comte de Portugal. Son fils Alphonse Henriquèz, après avoir atteint sa majorité, reprit, non sans peine, les rênes du gouvernement des mains de sa mère Teresia, régente depuis la mort du comte Henri (1128). Devenu maître de ses actions, il envahit les États des Musulmans, et gagna sur eux la célèbre bataille d'Ourique (1138). Dans cette bataille, l'armée portugaise eut à lutter contre des forces dix fois supérieures aux siennes, et remporta une victoire complète, à la suite de laquelle Alphonse Henriquèz prit le titre de roi de Portugal, Ce titre lui fut confirmé par les cortès ou États du royaume, réunis à Lamégo (1140). Alphonse Henriquèz continua la guerre contre les Musulmans, et mit le siége devant Lisbonne. Comme il désespérait de prendre cette ville, faute d'une flotte pour l'attaquer par mer, une flotte nombreuse, chargée de croisés anglais, allemands et flamands vint très à propos à son secours. Avec son aide, Alphonse prit Lisbonne, le 21 octobre 1147. De ce succès date là consolidation du trône de Portugal ; l'avenir de cet État se trouvait assuré par une conquête qui lui donnait l'embouchure du Tage, et l'un des plus beaux ports des côtes de l'Océan. Les guerres d'Alphonse Henriquèz ne furent heureuses que quand il combattit les Musulmans ; vaincu et fait prisonnier par Ferdinand, roi de Léon, auquel il disputait la possession de l'importante ville de Badajoz, il éprouva la générosité de ce jeune prince, son parent, qui consentit à la paix à des conditions très modérées (1169). La victoire devait encore une fois illustrer les derniers jours d'Alphonse Henriquèz : il fit éprouver une déroute complète aux Arabes qui s'étaient avancés jusqu'à Santarem, dans le but de reprendre Lisbonne (1184). Alphonse, quoique rendu presque impotent par ses blessures et par l'âge, vint en personne au secours de son fils Sanche, bloqué dans Santarem ; il le dégagea, et tous deux remportèrent une victoire signalée. Alphonse mourut l'année suivante (6 décembre 1185).

Tandis que ces événements se passaient en Portugal, le royaume de Castille était troublé par les guerres civiles suscitées par l'ambition de deux grandes familles, les Lara et les Castro, qui se disputaient le pouvoir sous le faible roi Ferdinand II. La Navarre, sous le roi Sanche VI, se maintint avec peine entre deux voisins plus puissants qu'elle, les rois de Castille et les rois d'Aragon. Le royaume d'Aragon, sous les rois Alphonse II et Pierre II, grandissait en puissance ; il ne restait aux Musulmans que le midi de l'Espagne ; mais ils y étaient fort divisés. Ibn Sad, roi musulman de Murcie et Valence, réunissait autour de lui ce qui restait de l'ancien parti déchu des Almoravides, et tous les Musulmans qui ne voulaient pas de la domination des Almohades d'Afrique. Pour se soutenir contre les Almohades, Ibn Sad avait dû rechercher l'alliance des rois d'Aragon, dont il était en quelque sorte le vassal. Le reste obéissait à des gouverneurs nommés par le calife des Almohades d'Afrique, Abdelmumen, homme remarquable, doué de grands talents militaires. On voit avec étonnement, dans les historiens arabes, que ce prince avait presque deviné l'art militaire moderne ; il avait parfaitement organisé son infanterie, qu'il préférait à sa cavalerie, et il ne se mettait jamais en campagne sans assurer largement ses approvisionnements. Par les secours qu'Abdelmumen leur fit passer d'Afrique, ses généraux, en Andalousie, gagnèrent sur Ibn Sad et les Almoravides, alliés des chrétiens, la bataille de Cordoue (1163), ce qui consolida dans le sud de l'Espagne la puissance des Almohades. Abdelmumen mourut la même année au moment où il s'apprêtait à passer en Espagne pour en compléter la conquête. Son second fils, Abu-Jacub-Jussef, désigné par lui pour lui succéder, reprit les projets de son père. Ce fut lui qui, à la tête d'une nombreuse armée composée principalement d'Almohades venus d'Afrique, perdit contre les Portugais la bataille de Santarem. Jacubben-Jussef, fils d'Abu-Jacub-Jussef, en montant sur le trône, mérita par ses succès contre les Almoravides d'Afrique le surnom d'Almanzor (El-Mansour, le Victorieux). Débarqué en Andalousie avec une armée formidable (1189), il raffermit l'empire almohade en Espagne par plusieurs campagnes heureuses ; puis il réunit toutes ses forces contre les rois chrétiens du nord de l'Espagne, que le danger commun avait réunis. Il rencontra leur armée près d'Alarcos (19 juillet 1195), et lui fit éprouver une défaite comparable aux désastres du Guadalète et de Zalaca. Alphonse VI, roi de Castille, put à peine échapper au grand désastre d'Alarcos, et se sauver avec quelques chevaliers derrière les murs de Tolède. Jacub Almanzor, après avoir dévasté toute l'Espagne chrétienne jusqu'aux montagnes de Guadarrama, revint en Andalousie, et, bien qu'il fût encore jeune, assura sa succession à son fils Mohammed-ben-Abdallah, comme s'il avait pressenti sa fin prochaine ; en effet, il mourut peu de temps après (21 janvier 1199). Cette mort inattendue, car Jacub Almanzor n'avait pas plus de quarante ans, sauva l'Espagne chrétienne. On put croire un moment que l'islamisme allait triompher dans toute la péninsule ; Sanche VII, roi de Navarre, forma alors le projet de devenir, avec l'aide des sultans almohades, maître de toute l'Espagne, en la tenant comme vassal de ces princes musulmans. Il se rendit en Afrique en 1199, près du nouveau sultan Mohammed, qui lui offrait sa fille en mariage ; mais le calife almohade n'avait nullement l'intention, comme le roi de Navarre l'avait espéré, de lui confier le gouvernement de toutes les provinces dépendant de son empire en Espagne. Il revint sans avoir rien conclu, et dut s'estimer heureux de conserver ses États de Navarre attaqués par les rois de Castille et d'Aragon (1201).

Cependant le roi de Castille, Alphonse le Magnanime, n'avait pas renoncé à l'espoir de prendre sa revanche de la défaite d'Alarcos. L'archevêque de Tolède, Rodrigue, et le pape Innocent III, le secondèrent activement en organisant dans toute l'Europe une croisade contre les Arabes, ou, comme on disait alors, contre les Sarrasins d'Espagne. Il lui vint des chevaliers de tous les pays chrétiens, et, comme ceux qui ne pouvaient venir envoyaient des armes, des munitions, de l'argent et des vivres, l'armée des croisés, nombreuse et assurée de ne manquer de rien, put se mettre en campagne au mois de mai de l'année 1213 dans le meilleur ordre. L'année précédente, le calife Mohammed, surnommé Annasir, après avoir proclamé la guerre sainte contre les chrétiens, avait débarqué à Tarifa, et s'occupait de rassembler toutes ses forces pour écraser les Espagnols. Les historiens arabes, d'accord avec les auteurs chrétiens, portent le nombre de ses soldats à plus de 500,000. Les deux armées se rencontrèrent dans les plaines d'Ubeda, près de Tolosa, au pied des montagnes de la Sierra Morena. La bataille fut un moment tellement indécise, que le roi de Castille voulut se précipiter dans les rangs des Almohades et y trouver la mort. Heureusement il en fut empêché par l'archevêque de Tolède, et une heure plus tard la bataille était complétement gagnée. Plus de la moitié de l'armée musulmane périt, soit dans la bataille, soit dans la retraite ; ce fut donc une des plus effroyables boucheries dont les annales du genre humain fassent mention ; mais elle affranchit l'Espagne pour toujours, et de ce moment l'expulsion complète des Arabes ne fut plus qu'une affaire de temps. La défaite de Tolosa fut le dernier coup porté à la puissance des Almohades, qui devait bientôt s'éteindre en Afrique aussi bien qu'en Espagne.

Un événement important rendit la chute de cette domination encore plus assurée ; à la mort du roi de Léon, Alphonse IX, son fils Ferdinand fut reconnu roi de Léon et de Castille ; le royaume de Léon comprenait alors les Asturies, la Galice et l'Estramadure. Depuis cette époque (1231), les couronnes de Castille et de Léon ne furent plus séparées, et il exista par cela seul dans l'Espagne chrétienne un centre de puissance assez solide pour braver à jamais les attaques des Musulmans. Après la perte de la bataille de Tolosa, Anassir s'enfuit en Afrique, où il mourut en 1213, probablement par le poison, laissant le

trône à un enfant de 11 ans, le calife Almostansir.
Les oncles de ce jeune prince portèrent le désordre
à son comble dans l'Espagne musulmane, et, lorsqu'il
mourut (1224), ils se disputèrent les lambeaux de
son empire en pleine décadence. Enfin, il ne resta
en présence que deux concurrents, dont l'un se nom-
mait Almamem, et l'autre Almostasem. Ce dernier
avait pris à sa solde des auxiliaires chrétiens, qui ne
demandaient pas mieux que de favoriser les dissensions entre les princes musulmans, pour les affaiblir
les uns par les autres. Vainqueur de son rival à la
bataille de Sidonia (1228), Almamem passa en Afrique, où il commit des cruautés inouïes contre les adversaires de son pouvoir. En son absence, un rival
heureux, Almostawaked, d'une illustre naissance,
réunit sous son pouvoir la plus grande partie de l'Espagne musulmane ; Almamem mourut sans avoir pu
ressaisir son pouvoir en Afrique (1232). Dès lors,
l'empire des Almohades tomba rapidement et s'éteignit en septembre 1239, dans une bataille où fut tué
Édris Abu Dibus, le dernier des princes almohades,
renversé par les *Mérices* d'Afrique, ennemis politiques
et religieux de la secte des Almohades.

En Espagne, les débris de la puissance des Almohades tentaient de soutenir la lutte ; ils ne succom-
bèrent définitivement que par la prise de Séville par
les chrétiens, après un long siége (1248). L'émir de
Grenade, Mohammed, ne voulant pas subir le sort
réservé aux autres princes musulmans en Espagne,
prit le parti de se soumettre à Ferdinand, roi de Castille et de Léon, dont il se reconnut le vassal, moyen-
nant quoi il conserva ses possessions. Le roi Ferdinand ne prit Séville en 1248 qu'avec le secours actif
de son vassal Mohammed. Le prince Abul-Hassan,
qui commandait à Séville, se retira en Afrique après
la capitulation de Séville ; avec lui disparut le dernier vestige de la domination des Almohades en
Espagne, domination qui, après la victoire d'Alarcos,

avait mis en si grand danger l'existence même de l'Espagne chrétienne.

Les rois de Portugal, sagement appliqués à rendre un peu de prospérité intérieure à leurs États récemment agrandis, prirent peu de part aux guerres des princes chrétiens contre les Musulmans d'Espagne à cette époque. Sanche Ier prit néanmoins l'importante ville de Silvas, capitale des Algarves ; mais il la perdit peu de temps après (1191).

Alphonse II, de Portugal, s'occupa comme le roi Sanche, son père, beaucoup plus de ses affaires intérieures que de faire la guerre au dehors. Sous son règne, le Portugal échappa plus complétement à la suzeraineté que prétendaient exercer sur lui les rois de Léon et de Castille (1211 à 1223). Sanche II, successeur d'Alphonse II, quoiqu'il eût remporté sur les Arabes de brillants succès, et qu'il eût ajouté à ses États une grande partie des Algarves, ayant eu de graves démêlés avec la cour de Rome, fut déclaré déchu par une bulle du pape, qui transmettait sa couronne à son frère Alphonse III. L'infortuné Sanche II, abandonné de tous, forcé de se retirer dans les États du roi de Castille, y mourut dans l'obscurité, sans avoir pu réussir à recouvrer sa couronne. Ce fut sous le roi Alphonse III que les limites du Portugal furent arrêtées, d'accord avec ses voisins, à peu près telles qu'elles sont aujourd'hui, les rois de Castille ayant reconnu au Portugal la possession complète et définitive des Algarves (1267). A dater de cette époque, les querelles encore fréquentes entre le Portugal et les autres royaumes de l'Espagne chrétienne n'eurent plus pour objet les prétentions de la Castille à une suzeraineté qu'elle renonça définitivement à réclamer.

Le roi d'Aragon Pierre II, ayant conduit dans le midi de la France une nombreuse armée au secours de son vassal, le vicomte de Béziers, proscrit comme partisan des Albigeois, fut tué à la bataille de Muret

(1213), gagnée sur lui et ses alliés par Simon de Montfort. Jacques Ier, successeur de Pierre II sur le trône d'Aragon, qui comprenait dès lors la Catalogne et le royaume de Valence, continua ses conquêtes sur les Musulmans vers le midi de ses États. Les rois de Castille et d'Aragon commencèrent à se disputer au sujet des pays conquis récemment sur les Musulmans dans le royaume de Murcie. La sagesse du roi Ferdinand III, qui fit épouser à son fils Alphonse la fille du roi d'Aragon, et qui sut apaiser la guerre civile sur le point d'éclater en Aragon, par suite de la discorde survenue au sein de la famille royale, prévint de grands malheurs, et maintint les bons rapports entre les deux couronnes.

Jacques Ier, successeur de Pierre II sur le trône d'Aragon, dès qu'il eut pacifié l'intérieur de ses États, occupa l'activité turbulente des grands de son royaume à faire de nouvelles expéditions contre les Musulmans ; il ajouta ainsi à ses États les Iles Baléares (1235), qu'il céda à l'infant Pierre de Portugal, en échange du comté d'Urgel que ce prince tenait de sa femme. Pierre de Portugal ne tint les Iles Baléares qu'à titre de vassal de la couronne d'Aragon.

De nouvelles divisions survenues au sein de la famille du roi d'Aragon, firent éclater une fois de plus la sagesse du roi de Castille, Ferdinand III. Les chevaliers d'Aragon, mécontents de leur roi Jacques, s'étaient retirés en grand nombre à la cour du roi de Castille ; Ferdinand sut utiliser leur valeur ; ils l'aidèrent puissamment à prendre Séville sur les Musulmans. La guerre heureusement terminée, le roi Ferdinand intervint de nouveau en Aragon comme conciliateur. Il fit rentrer en grâce auprès du roi Jacques ceux qui s'étaient exilés volontairement, et il éteignit, par des accommodements acceptés de part et d'autre, la discorde qui régnait parmi les princes aragonais. Ferdinand III avait dès 1222 fait reconnaître, par les cortès réunies à Burgos, Alphonse, son fils aîné, comme héritier du trône. Quand Ferdinand mourut en 1252, Alphonse lui succéda sans opposition. Les Espagnols considèrent à juste titre Ferdinand III comme le fondateur de la monarchie espagnole, tant pour ses conquêtes importantes sur les Musulmans que pour les sages mesures qu'il sut prendre pour prévenir dans l'avenir la séparation des couronnes de Léon et de Castille. De même que le roi de France Louis IX, Ferdinand III passait de son vivant pour un saint; l'Eglise l'a en effet canonisé, mais plusieurs siècles plus tard, sous le pontificat de Clément X, en 1677.

Alphonse X, fils de Ferdinand III, fut surnommé El Sabio, le Savant, parce qu'il s'occupa beaucoup plus d'études scientifiques, spécialement d'astronomie, que des affaires de son royaume. Sa faiblesse de caractère encouragea les révoltes des grands qui lui arrachèrent, par leurs rébellions, des concessions de nature à réduire à rien l'autorité royale.

Sous le règne d'Alphonse X, les Musulmans restés maîtres du midi de l'Espagne tentèrent de reprendre, par un soulèvement général, leur ancienne puissance dans la péninsule. L'émir de Grenade, Mohammed ben Alamar, tranquille possesseur de son royaume sous la suzeraineté des rois de Castille, avait su le rendre très florissant; il ne consentit qu'avec répugnance à se mettre à la tête d'une révolte dont l'issue était facile à prévoir. Les Musulmans fanatiques avaient commencé par massacrer les chrétiens qui vivaient parmi eux sur la foi des traités. Alphonse X livra une grande bataille à l'armée musulmane près d'Alcala Réal, et la défit complétement (1266). Mohammed, après la perte de cette bataille, eut encore à lutter contre la révolte de trois Wallis, ou gouverneurs de provinces, qui s'étaient soulevés contre lui. Alphonse, après la victoire, accorda à Mohammed ben Alamar des conditions de paix fort équitables; on convertit en un tribut modéré l'obligation qui lui était précédemment imposée d'amener comme vassal un corps de troupes au service du roi de Castille, ce qui forçait des Musulmans de combattre contre d'autres Musulmans. Ce fut un acte de véritable sagesse de la part des rois de Castille et d'Aragon ; s'ils avaient à cette époque poussé à bout les Arabes d'Espagne, ceux-ci étaient sur le point de recourir à leurs coréligionnaires d'Afrique, et une nouvelle invasion de Maures menaçait la péninsule ; il est vrai que cette invasion n'aurait pas été moins fatale aux émirs du midi de l'Espagne qu'aux princes chrétiens eux-mêmes ; mais il était sage de l'éviter, en usant sans trop de rigueur des droits de la victoire.

Malgré ses succès dans la guerre contre les Arabes, Alphonse X n'en fut pas moins en butte aux révoltes continuelles des grands de son royaume. Pendant les années 1272 et 1274, la plupart d'entre eux se retirèrent à la cour de l'émir de Grenade et ne consentirent à revenir qu'à la condition d'obtenir de nouvelles concessions plus exorbitantes encore que celles qu'ils avaient précédemment arrachées à la faiblesse d'Alphonse.

Au milieu de ces troubles, Alphonse X, qui s'était mis dans la tête d'obtenir la couronne impériale, vacante à cette époque, fit en pure perte, à ce sujet, d'énormes dépenses qui mécontentèrent ses peuples ; il fit même un voyage en France, pour conférer sur ses prétentions à l'empire avec le pape Grégoire, qui s'y trouvait passagèrement (1275). L'ambition d'Alphonse X fut déçue, et les électeurs élevèrent à l'empire Rodolphe de Habsbourg. Ce fut la même année qu'Alphonse perdit son fils aîné, l'héritier présomptif de la couronne, l'infant Ferdinand de la Cerda, qui laissait deux fils encore très jeunes ; cette mort fut, dans la suite, la cause de grands troubles dans le royaume. Il s'agissait de décider si la succession au trône devait appartenir aux enfants de Ferdinand de la Cerda, fils aîné du roi, ou bien à l'infant Sanche, second fils d'Alphonse X. Les cortès, assemblées à ce sujet, décidèrent en faveur du prince Sanche, et le déclarèrent héritier d'Alphonse (1276) Les infants de la Cerda, se prétendant frustrés de leurs droits à la couronne, se retirèrent à la cour du roi d'Aragon. Le prince Fadrique, frère d'Alphonse, accusé d'avoir favorisé la fuite des infants de la Cerda, fut étranglé dans son palais, à Burgos, par une bande d'assassins, et Alphonse X passa pour avoir ordonné ce crime. Le prince Sanche, auquel les mécontents offraient le titre de roi, mais qui prit seulement celui de régent, s'empara de toute l'autorité (1282). Le pape ayant, à cette occasion, excommunié Sanche et ses partisans, une réconciliation allait s'opérer entre le père et le fils quand l'infant tomba gravement malade, en même temps que son père. L'infant se rétablit bientôt, mais Alphonse X mourut le 5 avril 1284.

Le mariage du roi Sanche avec la princesse Marie de la Molina, sa parente, fut, pour le royaume, une nouvelle source de troubles ; ce mariage avait été contracté du vivant du roi Alphonse, et sans son consentement ; et les dispenses, en raison du degré de parenté, n'avaient pas été obtenues de la cour de Rome. La légitimité des enfants nés de ce mariage était par conséquent sujette à contestation. Lorsque Sanche mourut, après un règne fort agité, il laissait la couronne à son fils Ferdinand, âgé seulement de neuf ans, sous la régence de la reine, sa mère (1295). La régence de cette princesse et le règne de Ferdinand IV ne furent qu'une longue suite de troubles et de guerres civiles, soutenues principalement par le prince Juan, oncle du jeune roi ; l'infant Juan contestait la légitimité de son neveu, et réclamait pour lui la couronne, que néanmoins il ne put obtenir. Les nobles, sous Ferdinand IV, forcèrent le pouvoir royal à leur faire de nouvelles concessions, qui ne les rendirent que plus turbulents. La mort de ce prince est accompagnée d'un de ces faits étranges plusieurs fois signalés dans l'histoire du moyen âge. Deux frères, les chevaliers de Mortos, condamnés à mort par Ferdinand pour un crime qu'ils n'avaient pas commis, le citèrent à comparaître au tribunal de Dieu dans les trente jours. Le trentième jour, Ferdinand, qui s'était couché très bien portant pour faire la sieste, fut trouvé mort dans son lit (17 septembre 1312).

Ferdinand IV ne laissait qu'un fils, l'infant Alphonse, âgé de quelques mois seulement. Plusieurs princes de la famille royale se disputèrent, les armes à la main, la régence pendant la minorité d'Alphonse ; ces troubles ne cessèrent pas quand le jeune roi fut en âge de prendre en main le gouvernement (1324). Poussé à bout par l'obstination des rebelles, le jeune roi ne trouva pas de meilleur expédient que d'attirer leur chef principal, Juan le Fort, sous prétexte d'une entrevue, et de le faire assassiner. Juan Manuel, autre prince de la famille royale, n'en continue pas moins la guerre civile, et ne se soumet au roi Alphonse qu'en 1338. Alphonse mourut de la peste, en 1350. Il laissait, outre ses enfants légitimes, plusieurs enfants naturels qu'il avait eus de Léonore de Guzman. Pierre, l'aîné des enfants légitimes d'Alphonse, n'avait que seize ans lorsqu'il monta sur le trône de son père ; il ne tarda pas à mériter le surnom de Pierre le Cruel, sous lequel il est connu dans l'histoire. Pour premier crime, il fit arrêter, puis décapiter, Léonore de Guzman, qui, après s'être d'abord mise en sûreté, était venue avec confiance se remettre en son pouvoir. On ne saurait compter les meurtres commis par ordre de ce roi, ou même de sa propre main, pendant le cours de son règne fort agité (1350 à 1369). Enfin, Henri de Transtamare, l'un des fils naturels du roi Alphonse et de la malheureuse Léonore de Guzman, envahit l'Espagne avec le secours d'un corps nombreux d'aventuriers commandés par le célèbre du Guesclin. La plus grande partie des villes, lasses de la tyrannie de Pierre le Cruel, se rallièrent à Henri de Transtamare. Pierre le Cruel, assiégé dans Montiel et pressé par la famine, vint dans le camp de son frère pour négocier probablement une capitulation ; mais, à peine en présence, les deux frères se prirent de querelle, et Henri de Transtamare poignarda Pierre le Cruel.

Henri eut à soutenir de longues guerres contre Ferdinand, roi de Portugal, qui, dans la ligne légitime, était le véritable héritier du trône de Castille et de Léon, et contre un prince anglais, le duc de Lancastre, qui, par son mariage avec une princesse espagnole, et du consentement du roi Ferdinand, prétendait avoir des droits au trône de Castille ; Henri sut préserver l'Espagne du fléau de l'invasion étrangère jusqu'à sa mort (1379). Du reste, et bien que sa bravoure et son habileté politique ne puissent être contestées, Henri de Transtamare n'était ni moins dissolu ni moins enclin à la cruauté que ne l'avait été Pierre le Cruel.

Les émirs de Grenade étaient toujours, depuis le règne de saint Ferdinand, en possession du midi de la péninsule.

Mohammed II, successeur de Mohammed ben Alamar, lutta avec succès contre les Wallis rebelles de Guadix et de Malaga, grâce au secours que lui prêtèrent les chevaliers chrétiens mécontents, qui s'étaient retirés de la cour du roi Alphonse pour chercher un asile à celle de Grenade. Menacé plus tard par une armée castillane que conduisait contre lui l'archevêque de Tolède, il appela à son secours le sultan de Maroc, Aben-Jussef qui répondit à son appel. Tandis que Aben-Jussef débarqué avec une armée, tenait en échec une partie des troupes chrétiennes, Mohammed défit l'armée de l'archevêque de Tolède qui fut fait prisonnier. Comme plusieurs chefs musulmans se disputaient la possession de cet important captif, un Arabe tua le malheureux prélat, pour mettre fin à la querelle (1276). Après des guerres signalées par des alternatives de revers et de succès, Mohammed II mourut à Grenade, en 1303, laissant son royaume en grande prospérité à son frère Mohammed III. Mais bientôt une révolte renversa Mohammed III du trône ; il fut contraint d'abdiquer en faveur de son frère Nassir, et finit ses jours dans la retraite, après avoir fait d'inutiles tentatives pour ressaisir le pouvoir. Nassir, renversé par un compétiteur heureux, Ismaïl ben Zirag, descendit du trône, et, malgré les sollicitations de ses amis, il ne chercha jamais plus tard à y remonter. Ismaïl fit la guerre aux chrétiens sans grand succès, et mourut assassiné par Mohammed, prince du sang royal, qui monta sur le trône à sa place. Mohammed IV eut à lutter à la fois contre les chrétiens et contre des rébellions intérieures sans cesse renaissantes. Bien qu'il fût secouru par les Maures d'Afrique, lesquels ne manquaient pas de lui faire payer cher leur assistance, il éprouva plusieurs défaites et perdit plusieurs places importantes. Mohammed IV fut assassiné dans une partie de chasse, et son frère, Jussef-Abul-Hégiag, monta aussitôt sur le trône. Malgré les forces considérables amenées d'Afrique au secours de l'émir de Grenade par Abul-Hassan, roi de Fez, Alphonse fit éprouver aux deux armées de Grenade et d'Afrique une sanglante défaite sur les bords du Salado (1340). Alphonse fut secondé, dans cette guerre, par son allié le roi de Portugal ; la défaite des Musulmans à la bataille du Salado fut comparée, par les contemporains, à la victoire de Tolosa. Jussef fut assassiné peu de temps après. On doit signaler à la louange de ce prince le soin qu'il prit dans ses guerres contre les chrétiens de faire épargner les femmes, les enfants, les vieillards et les gens désarmés, qui sous ses prédécesseurs étaient impitoyablement massacrés partout où les Musulmans avaient le dessus. Il eut pour successeur son fils aîné, Mohammed V.

Ce prince éprouva plus que tout autre, parmi les émirs de la dynastie de Nassir, les vicissitudes de la fortune. Détrôné par son frère Ismaïl, il réussit à s'échapper de Grenade et passa en Afrique, pour solliciter l'appui du sultan de Fez, son parent. Pendant ce temps, le faible Ismaïl fut détrôné et tué par le chef de son armée, Aben-Saïd, qui prit sa place. Mohammed débarqua avec une armée de Musulmans africains; mais cette armée, par suite d'une révolution survenue à Fez, s'en retourna en Afrique, sans avoir rien fait en sa faveur. Alors Mohammed V et son compétiteur Aben-Saïd réclamèrent l'un et l'autre l'appui de Pierre le Cruel, qui régnait alors en Castille. Pierre leur fit à tous deux les mêmes promesses. Aben-Saïd crut l'emporter en se rendant près de Pierre le Cruel avec de riches trésors; mais Pierre, pour s'emparer de ses dépouilles, fit exécuter à Séville Aben-Saïd et tous les gens de sa suite. A cette nouvelle, Mohammed V revint à Grenade où il régna jusqu'en 1392, ayant employé les dernières années de sa vie à rendre à ses États fort diminués leur ancienne prospérité. Les règnes courts et agités de Jussef II et de Mohammed VI n'offrent que la répétition des mêmes troubles intérieurs, des mêmes scènes de dévastation sur les frontières, et de guerres sans résultat. Jussef III, successeur de Mohammed VI, monta sur le trône par un singulier hasard. L'émir régnant, qui le retenait prisonnier, envoya l'ordre de lui trancher la tête; quand l'ordre arriva, Jussef jouait aux échecs; il demanda qu'on lui permît d'achever sa partie, et cette faveur lui fut accordée; pendant qu'il la terminait de grand sang-froid, des cavaliers accourant à bride abattue vinrent lui annoncer que l'émir était renversé, et que lui, sous le titre de Jussef III, était appelé au trône de Grenade, où il régna sans troubles jusqu'en 1426. Il eut pour successeur Mohammed VII, surnommé Alhayzari, ou le gaucher, qui fut à diverses reprises renversé et replacé sur le trône. Il en fut à peu près de même des règnes de Mohammed VIII, Mohammed IX et Mohammed X, pendant lesquels l'étendue du territoire de Grenade se resserrait de plus en plus. Moham-

-med X, pour conserver le peu qui lui restait, dut se soumettre à payer un lourd tribut à la Castille. Muley-Ali-Abul-Hassan, fils aîné de Mohammed X, lui succéda aux mêmes conditions. Il fut tour à tour vainqueur et vaincu dans ses luttes contre un de ses frères, Abu-Abdallah, qui finit par demeurer maître de Grenade. On a peine à comprendre ces déchirements intérieurs et ces luttes acharnées pour la possession d'un royaume comme celui de Grenade, dont évidemment la chute était inévitable et prochaine. Abu-Abdallah, dont plusieurs historiens ont défiguré le nom en le nommant Boabdil, fut en effet le dernier roi de Grenade. Assiégé dans sa capitale, sans espoir de secours, à bout de ressources, il capitula à des conditions qui, jugées d'après sa situation et les usages du temps, ne doivent pas être trouvées trop rigoureuses. Abu-Abdallah reçut en échange de Grenade des domaines en Andalousie, et il put se retirer avec sa famille dans les montagnes des Alpujarras. Mais il ne tarda pas à vendre ses terres en Espagne, et à se retirer en Afrique. Bien que le malheureux émir Abu-Abdallah ait été accusé par plusieurs historiens de manquer de courage personnel, il se fit tuer en combattant vaillamment pour son parent le sultan de Fez. Ainsi se termina, en 1491, la domination des Arabes dans la péninsule hispanique ; elle avait duré avec des fortunes diverses près de huit siècles, pendant lesquels, à plusieurs reprises, l'Europe chrétienne tout entière avait pu redouter le débordement de l'invasion musulmane.

L'Espagne, tandis que le royaume de Grenade passait par les vicissitudes qui viennent d'être esquissées, ne contenait plus que deux puissants royaumes, la Castille et l'Aragon, tous deux à peu près d'égale force ; la Navarre subsistait sans accroissement de puissance, le Portugal conservait ses limites arrêtées du temps de saint Ferdinand.

En Castille, la postérité d'Henri de Transtamare ne

s'illustra par aucun souverain d'une grande valeur personnelle. Juan Ier, en succédant à son père, eut à lutter contre le duc de Lancastre, qui lui disputait la couronne, et contre Ferdinand, roi de Portugal, qui soutenait les prétentions du prince anglais. Dans cette lutte, Juan Ier perdit contre les Portugais réunis aux Anglais la sanglante bataille d'Aljubaraia (14 août 1385). Malgré ces revers, Juan, grâce au secours qu'il reçut de son fidèle allié le roi de France fut en état de repousser une formidable invasion de Portugais et d'Anglais (1387), et il finit par se réconcilier, de guerre lasse, avec ses adversaires. Il mourut d'une chute de cheval à Alcala de Henarèz (9 octobre 1390). Juan Ier laissait la couronne à son fils Henri III, à peine âgé de onze ans. Sa minorité fut une époque de troubles au sujet de la régence, et d'anarchie dans tout le royaume. Il eut beaucoup de peine à rétablir un peu d'ordre dans ses Etats lorsqu'il fut en âge de gouverner par lui-même (1393), et mourut sans avoir signalé son règne par aucune action éclatante (31 décembre 1407).

Juan II, successeur d'Henri II, avait deux ans à peine quand son père lui laissa la couronne. Le règne de ce faible prince fut celui de ceux qui surent le dominer. Après une régence orageuse, ayant pris en main le gouvernement (1412), il donna toute sa confiance à son favori Alvaro de Luna, qui exerça l'autorité sous son nom. Henri, infant d'Aragon, s'empara par la violence du faible Juan II, et le domina à son tour, de 1420 à 1424. Le favori Alvaro de Luna vint alors à bout de reprendre son rang à la cour de Castille, et d'évincer l'infant Henri. Mais Alvaro, devenu connétable de Castille, comblé de dignités et de richesses, finit par lasser la patience de Juan II, qui, au moment où il s'y attendait le moins, le fit prendre, juger, et exécuter (1453). La mort de Juan II suivit de près celle de son favori (1454).

Le règne d'Henri IV, surnommé l'Impuissant, fut

encore plus misérable que celui de Juan II. L'inso-
lence des nobles et leur mépris pour l'autorité royale
ne connurent plus de bornes ; le désordre fut porté
à son comble, et le royaume fut en proie à la plus
déplorable anarchie. Henri, après que son divorce
avec Blanche de Navarre, sa première femme, eut été
prononcé, avait épousé Jeanne, infante de Portugal.
La reine lui donna une fille qui fut nommée Jeanne
(1462) ; mais cette princesse ne passa jamais dans
le public pour la fille de Henri IV ; le peuple la sur-
nomma la *Beltranéja*, la regardant comme fille de
la reine et de son favori, le comte de Ledesma, Bel-
tran de la Cueva.

Pendant la lutte du roi Henri IV contre les barons
de son royaume, les révoltés offrirent la couronne à
sa sœur, la princesse Isabelle ; mais cette princesse,
proclamée reine à Séville, ne voulut pas s'associer à
cette trahison. Henri IV et sa sœur se réunirent avec
tous les dehors d'une affection sincère ; le roi et les
barons, malgré les protestations de la reine en faveur
de la Beltranéja, reconnurent Isabelle comme héritière de Castille et Léon (1465). Peu de temps après,
Isabelle, contre le gré du roi son frère, épousa l'infant Ferdinand, héritier de la couronne d'Aragon. Ce
mariage assura la grandeur future de la monarchie
espagnole. Néanmoins Henri IV, revenant sur sa dé-
cision antérieure, voulut faire proclamer héritière de
son trône la Beltranéja (1470). Mais Isabelle soutint
ses droits et prit possession de la couronne à la mort
de son faible frère (1474).

Pendant les premières années de leur règne, Ferdinand et Isabelle eurent à soutenir une guerre dangereuse contre le roi de Portugal Alphonse V, qui
prétendait épouser la Beltranéja, et qui avait même
pris par avance le titre de roi de Castille ; mais Ferdinand finit par l'emporter, et la malheureuse Beltranéja se retira dans un couvent, à Coïmbre, en
Portugal (1479). La même année, Jean II, roi d'Ara-

gon, père de Ferdinand, mourut, et lui laissa la couronne, dont il prit possession sans difficulté. De ce moment, la nation espagnole pouvait se regarder comme réunie sous un seul gouvernement, quoique Ferdinand et Isabelle fussent toujours chacun en son nom propre, l'un roi d'Aragon, l'autre reine de Castille.

Le règne de Ferdinand fut entièrement rempli par la réalisation de deux grandes entreprises : mettre fin à la domination des Maures en Andalousie et soumettre aux lois du royaume les nobles turbulents, comme le reste des citoyens. On a vu comment, par une suite de campagnes heureuses, Ferdinand et Isabelle avaient forcé Grenade à capituler, en 1491. L'autre projet, pour être mené à bien, offrait de plus sérieuses difficultés. Malgré son amour pour le pouvoir absolu, Ferdinand comprit que, pour réduire les seigneurs et les faire passer sous le niveau de la loi commune, il fallait s'appuyer sur la bourgeoisie des villes. Il encouragea et fortifia la ligue de toutes les villes confédérées pour atteindre ce résultat. Les tribunaux purent exercer leur juridiction sur les nobles comme sur les roturiers ; quelques grandes familles furent forcées de restituer ce qu'elles tenaient de la prodigalité des deux derniers rois de Castille, et Ferdinand, avec l'agrément de la cour de Rome, devint grand maître des ordres militaires de Santiago, d'Alcantara et de Calatrava : la puissance dangereuse de la noblesse était domptée. En même temps, Christophe Colomb découvrait le nouveau monde, et le donnait aux couronnes de Castille et d'Aragon.

5ᵉ ÉPOQUE.

De la prise de Grenade jusqu'à nos jours.

Le règne d'Isabelle et de Ferdinand n'était au dedans comme au dehors qu'une suite de succès, qu'un enchaînement de prospérités : la médaille avait un revers. D'affreux malheurs domestiques vinrent fondre sur la famille royale, presque sans interruption. Quatre enfants étaient nés du mariage de Ferdinand et d'Isabelle, un fils et trois filles. Le fils, nommé Juan, marié à l'archiduchesse Marguerite d'Autriche, mourut subitement (1497). Sa veuve était enceinte ; elle fit une fausse couche. Isabelle, l'aînée des infantes, avait épousé l'héritier du royaume de Portugal ; elle devint veuve la même année que Marguerite d'Autriche. Elle épousa en secondes noces Manuel, frère de son premier mari, et elle en eut un fils. La joie de Ferdinand et d'Isabelle, qui voyaient dans la naissance de cet enfant le présage de la réunion des couronnes d'Espagne et de Portugal, ne fut pas de longue durée : la princesse de Portugal mourut peu de temps après ses couches, et le jeune prince héritier présomptif de tant de royaumes dans les deux hémisphères la suivit dans la tombe. Catherine d'Aragon, troisième fille d'Isabelle et de Ferdinand, fut mariée en premières noces au jeune Arthur, prince de Galles, qui mourut peu de temps après ; elle épousa en secondes noces le frère d'Arthur, le prince Henri, qui plus tard régna sous le nom de Henri VIII ; la triste destinée de Catherine d'Aragon appartient à l'histoire d'Angleterre. Restait la princesse Jeanne, seconde fille d'Isabelle, mariée à Philippe, archiduc d'Autriche. Jeanne donna le jour à un fils (1500) qui fut nommé Charles, et devint dans la suite le célèbre empereur Charles-Quint. L'union de Jeanne et de Philippe ne fut pas heureuse. Philippe dédaigna ouvertement sa femme, bien qu'elle l'aimât avec passion, et Jeanne, dont la tête n'avait jamais été forte, ne mérita que trop, à dater de ce moment, le surnom de Jeanne la Folle, que lui ont donné les historiens de son temps.

La reine Isabelle ne put résister à tant de malheurs qui brisaient coup sur coup ses plus chères affections ; elle mourut de chagrin, laissant par ses dernières dispositions le gouvernement entre les mains de Ferdinand d'Aragon jusqu'à la majorité de Charles, son petit-fils. Isabelle savait sa fille Jeanne trop incapable de régner, et le caractère dissipé de son gendre ne pouvait lui inspirer aucune confiance (1504). Cependant Philippe, soutenu par les nobles mécontents, réussit à s'emparer du pouvoir en Castille, et à renvoyer Ferdinand dans ses États d'Aragon. Mais Philippe avait à peine pris en main le gouvernement, qu'il mourut après une courte maladie à Burgos (1505). Les grands de Castille ne parvinrent pas à s'entendre pour la régence pendant la minorité de l'infant Charles. Le fléau de l'anarchie menaçait de nouveau l'Espagne quand le parti des amis de l'ordre rappela Ferdinand alors en Italie ; il revint en Espagne (1507) et eut bientôt fait rentrer les turbulents dans le devoir. Ferdinand, pendant les années 1509 et 1510, fit la guerre avec succès sur les côtes du Nord de l'Afrique ; il prit Oran et Bougie, que néanmoins l'Espagne ne put conserver. Une conquête moins glorieuse pour lui fut celle de la Navarre espagnole dont il s'empara par trahison. Ayant demandé le passage sur les terres de ce royaume pour une armée qu'il se proposait, disait-il, de conduire en France, il essuya un refus, et, sous ce prétexte, s'empara de la Navarre trop faible pour lui résister et l'ajouta aux États de sa couronne d'Aragon (1511). Ferdinand mourut d'une maladie de langueur, en 1513 ; il ne laissait pas d'enfants de son second mariage avec Germaine de Foix ; par conséquent, toute sa succession retournait à l'infant Charles, fils de Philippe d'Autriche et de Jeanne la Folle.

A partir du commencement du xvie siècle, l'histoire d'Espagne se simplifie ; plus d'États musulmans, plus de royaumes chrétiens séparés ; il n'y a plus dans la péninsule que l'Espagne et le Portugal. Il est nécessaire de jeter un coup d'œil en arrière sur l'histoire du royaume d'Aragon, jusqu'au moment où cet État cessa d'avoir une histoire distincte de celle du reste de l'Espagne.

Le long règne de Jacques, roi d'Aragon, fut signalé par la conquête des îles Baléares (1232), et celle du royaume de Valence (1234). Il prêta l'oreille aux conseils du saint roi Ferdinand III de Castille qui, comme on l'a vu, intervint deux fois pour rétablir la concorde au sein de la famille royale d'Aragon. Il se montra sans pitié pour les malheureuses populations arabes qu'il chassa des pays conquis (1252), et il mourut à Valence où il était venu pour réprimer une révolte (1276). Ce roi, de mœurs très dissolues, ne souffrait de remontrances de personne au sujet de ses déréglements ; il eut la cruauté de faire couper la langue à l'évêque de Girone, qui s'était exprimé trop librement sur son compte. Pierre III, successeur de Jacques Ier, s'est rendu célèbre par la conquête de la Sicile, qu'il regardait comme l'héritage de sa femme Constance (1279). Il repoussa avec bonheur une armée française qui avait envahi la Catalogne, prit la ville de Girone (1283) et mourut peu de temps après, laissant à son fils aîné Alphonse l'Aragon et la Catalogne, et à Jacques, son second fils, le royaume de Sicile. Alphonse III commença son règne par enlever les îles Baléares à son oncle, Jacques d'Aragon, qui s'était rendu odieux aux habitants par ses exactions, et qui avait favorisé l'invasion des Français en Aragon (1284). Ce fut sous le règne d'Alphonse III que la noblesse et la bourgeoisie des diverses provinces du royaume d'Aragon obtinrent des droits fort étendus, qui réduisirent sensiblement l'autorité royale. A la mort d'Alphonse III (juin 1291), son frère, qui occupait alors le trône de Sicile, revint en toute hâte en Aragon, où il fut proclamé roi sous le nom de Jacques II. Ce prince épousa la princesse Blanche de Naples, et fut forcé à cette occasion de renoncer à sa couronne de Sicile (1295). Son frère, Frédéric, se mit à la tête des Siciliens abandonnés par le roi d'Aragon, qui s'était même engagé à faire la guerre à son frère pour lui enlever la Sicile ; mais il n'y déploya pas une grande vigueur. Jacques II eut de graves contestations avec la Castille à cause de la protection ouverte qu'il accordait aux infants de la Cerda ; il s'accommoda cependant avec le roi de Castille, Alphonse XI, en 1309. Il renonça à ses prétentions sur Murcie, récemment enlevée aux Musulmans, et accepta pour Jacques, son fils aîné, la main d'une fille du roi de Castille ; mais l'infant Jacques, après avoir conduit la fiancée à l'autel, déclara qu'il ne voulait ni femme ni couronne, et, ayant fait une renonciation publique en faveur de son frère Alphonse, il entra dans un ordre religieux militaire, et se fit complétement oublier. La passion de l'ivrognerie et de la débauche, à laquelle il n'aurait pu se livrer assez à son aise sur le trône passa pour la cause de sa détermination. Jacques II guerroya pendant tout son règne contre les Pisans et les Génois, pour la possession de la Sardaigne qu'il avait conquise, mais qu'il ne put garder (1326). Il mourut d'hydropisie à Barcelone, en 1336.

Pierre IV monta sur le trône sans obstacle, en 1336, et son règne fut le plus long de tous ceux des souverains d'Aragon ; car il ne dura pas moins de 51 ans et ne finit qu'en 1387. Durant ce long intervalle de plus d'un demi-siècle, il lutta constamment avec les grands de son royaume, qui, s'étant ligués entre eux, le combattirent plusieurs fois en bataille rangée. Il finit par les soumettre et par reprendre de vive force Valence, centre d'action des révoltés ; ses conseillers eurent beaucoup de peine à l'empêcher de raser complétement cette cité florissante, dont il voulait convertir l'emplacement en une prairie, comme monument de sa vengeance (1360). Ses longues dissensions avec Pierre le Cruel, roi de Castille, finirent en 1363 par un accommodement ménagé par la cour de Rome. Pierre guerroya en outre avec les Génois et les Pisans pour la possession vivement disputée de la

Sardaigne, et contre le roi des îles Baléares, Jacques, son proche parent, qu'il détrôna et qu'il dépouilla de toutes ses possessions (1369). On l'accusa, sans preuve, d'avoir fait empoisonner l'un de ses frères, l'infant Jacques ; il fit assassiner Ferdinand, le plus jeune ; tous deux s'étaient mis à la tête des seigneurs ligués contre son autorité. Juan Ier, en montant sur le trône (1387), fit faire le procès à la reine Sibylle, veuve du dernier roi, l'accusant de sorcellerie, et il l'aurait fait brûler vive, sans l'intervention du légat, qui obtint sa mise en liberté. Juan Ier se mêla fort peu des affaires de son royaume ; tout entier à ses plaisirs, il fit faire, par ses généraux, la guerre avec des chances diverses en Sicile et en Sardaigne, pays dont les peuples ne reconnaissaient qu'à contre-cœur son autorité, et se tua d'une chute de cheval dans une partie de chasse (1393).

Martin Ier, frère de Juan Ier, était occupé à la guerre de Sicile quand on lui apporta la nouvelle de son élévation au trône d'Aragon. Il continua la guerre en Sicile, en Sardaigne et en Corse, pour consolider son autorité dans cette partie de ses États, et ne revint en Espagne qu'en 1397. Il mourut sans laisser d'héritiers directs, en 1410, laissant le royaume d'Aragon fort agité par les partis des divers prétendants à sa succession. Après de longs troubles pendant lesquels les crimes privés et les dévastations mirent le pays dans un état déplorable, neuf arbitres furent nommés pour examiner les droits des prétendants ; ils se prononcèrent en faveur de Ferdinand Ier, qui s'était déjà signalé par des succès à la guerre contre les Musulmans, et qui d'ailleurs avait d'avance l'assentiment de la nation. Un seul des compétiteurs de Ferdinand, le comte d'Urgel, tenta de continuer la lutte de vive force ; mais il fut forcé de se rendre à discrétion, et mourut en prison après une longue captivité. Ferdinand Ier rétablit par une sage administration les affaires de son royaume, et laissa la couronne à son fils aîné l'infant Alphonse, qui régna sous le nom d'Alphonse V (1416).

Ce roi passa la plus grande partie de son règne à guerroyer en Italie, où il avait été appelé par l'espérance de recueillir la succession de la reine Jeanne de Naples. Il y acquit la réputation d'un très habile capitaine, et négligea les affaires de ses États en Espagne. En 1435, tandis que le roi Alphonse V pressait le siége de Gaëte dans le royaume de Naples, il perdit contre les Génois une bataille navale, dans laquelle il fut fait prisonnier. Délivré sans rançon peu de temps après, il finit par conquérir le royaume de Naples, objet de son ambition, et mourut à Naples, en 1458. Juan II, son frère, lutta pendant presque tout son règne contre les révoltes continuelles de ses sujets, mécontents de son administration. L'infant Ferdinand, son fils, l'aida puissamment à maintenir son autorité compromise ; il lui fallut faire le siége de Barcelone qui finit cependant par capituler (1472). Juan II mourut en 1479, et Ferdinand II, par son mariage avec l'infante Isabelle, héritière de Castille, réunit sous son autorité toute l'Espagne chrétienne. A dater de son règne, l'histoire de l'Aragon se confond avec celle de tout le reste de l'Espagne.

Le règne de Charles Ier (1516 à 1566) qui ne portait pas encore à son avénement le nom de Charles-Quint, fut pour l'Espagne une époque mémorable par les changements profonds qu'il apporta dans les lois et dans les mœurs publiques du peuple espagnol. Jusqu'au moment où Charles, qui n'avait pas encore atteint l'âge fixé pour sa majorité, quitta les Pays-Bas pour revenir en Espagne, ce pays fut administré par le cardinal Ximenès Cisneros qui s'appliqua d'abord à réprimer les prétentions de la noblesse , et pour avoir un point d'appui, encouragea la bourgeoisie des villes à s'armer et à s'organiser. Au retour de Charles en Espagne (1518), le cardinal Ximenès, presque disgracié, mourut de chagrin, et Charles eut à lutter contre la ligue déjà organisée et puissante des principales villes d'Espagne. Élu empereur après le refus de Frédéric le Sage, électeur de Saxe, Charles, qui prit comme empereur le nom de Charles-Quint, quitta l'Espagne et la laissa en proie à des troubles sanglants, causés par les tendances démocratiques du parti des *Communéros*. Padilla, chef principal de ce parti, ayant été pris et exécuté, sa veuve, Maria Pacheco, soutint pendant quelque temps les communéros avec une rare énergie ; mais enfin elle fut forcée de se retirer en Portugal, où elle finit ses jours dans une extrême pauvreté. Vers la même époque (1521), le roi de France tenta avec une puissante armée de reprendre la Navarre espagnole ; mais son armée fut rejetée de l'autre côté des Pyrénées, et la Navarre resta définitivement province d'Espagne. De retour en Espagne (1522), Charles-Quint usa de clémence envers les restes du parti des communéros ; il épousa l'infante Isabelle de Portugal (1525), et cette princesse le rendit père d'un infant qui reçut le nom de Philippe (1527). Le reste du règne de Charles-Quint en Espagne ne fut marqué par aucun événement important ; les grandes actions de cet homme célèbre appartiennent à l'histoire des deux mondes. De hardis aventuriers ajoutèrent à ses États les plus riches contrées des deux Amériques.

Il posséda, outre l'Espagne, les Pays-Bas, l'empire d'Allemagne et toute l'Italie, moins Rome ; s'il rêva, comme on lui en attribua la pensée, la monarchie universelle, il ne fut pas très loin de l'atteindre, et l'on peut dire que, s'il se dégoûta du trône en voyant échouer ses desseins, malgré ses victoires sur François Ier, qu'il retint longtemps prisonnier à Madrid, ce fut principalement à cause de la résistance opiniâtre de la France à ses projets de domination sans bornes. En 1554, Charles-Quint fit épouser à son fils Philippe la princesse Marie, héritière du trône d'Angleterre. Las du pouvoir suprême, sentant sa santé ruinée, Charles-Quint abdiqua en faveur de l'infant Philippe, qui prit le nom de Philippe II. Après cette cérémonie, qui eut lieu en grand appareil à Bruxelles, Charles-Quint se retira au couvent de Saint-Iust, en Estramadure, où il mourut après avoir, dit on, témoigné quelque regret de son abdication (1556).

Sous le long règne de Philippe II (1556 à 1598), tout ce qui restait de libertés municipales aux villes et de priviléges ou immunités aux provinces fut anéanti. Le grand justicier d'Aragon, pour avoir tenté de faire respecter les droits du peuple de ce royaume, conformément au serment prêté à l'avénement de Philippe II, fut exécuté. Les Maures, poussés à bout par la tyrannie de Philippe II, se révoltèrent dans le midi de l'Espagne et soutinrent plusieurs années, dans les montagnes des Alpujarras, une guerre cruelle dans laquelle les Espagnols perdirent beaucoup de monde ; mais, comme on devait s'y attendre, les Maures, faiblement secourus par leurs coréligionnaires d'Afrique, finirent par être exterminés.

Philippe II employa presque constamment ses forces dans les Pays-Bas, qui pourtant lui échappèrent en partie, et dont une portion constitua la république de Hollande, et en France, où il ne put empêcher Henri IV de régner et de rétablir la prospérité publique. A la suite d'une guerre heureuse conduite par le duc d'Albe, l'un de ses meilleurs généraux, Philippe II conquit le royaume de Portugal, dont il se prétendait héritier après la mort du roi Sébastien. Philippe II avait eu plusieurs enfants mâles, dont les aînés le précédèrent dans la tombe. Il ne paraît pas avoir été étranger à la mort de son fils aîné, don Carlos, qui favorisait les révoltés des Pays-Bas. Il serait trop long d'énumérer tous les crimes d'assassinat et d'empoisonnement qui furent imputés à ce prince, et dont il est impossible de laver entièrement sa mémoire. Outre don Carlos, Philippe II passe pour avoir fait périr par le poison sa femme, Élisabeth de France, et don Juan d'Autriche, son frère naturel, fils de l'empereur Charles-Quint. Il laissa le trône à celui de ses fils qui lui survivait et qui régna sous le nom de Philippe III.

Au moment où le Portugal tombe sous la domination de l'Espagne, il est nécessaire de rappeler les faits principaux de l'histoire de ce royaume, depuis le règne de Denis où Dinizio, successeur d'Alphonse III. Sous le roi Dinizio (1279 à 1325), les limites du Portugal ne furent étendues par aucune conquête ; mais la marine et le commerce extérieur prirent une grande extension, et de sages règlements assurèrent la paix intérieure et la prospérité publiques La fin du règne de Dinizio fut troublée par la haine jalouse de l'infant Alphonse contre un fils naturel du roi. L'affection que le roi témoignait à ce fils illégitime fit croire à l'héritier du trône que son père songeait à l'exclure de la succession au trône, et à lui substituer son frère naturel. On arma de part et d'autre, et, sans l'intervention de la reine Isabelle, le Portugal eût été en feu par suite de cette guerre impie entre un père et un fils. Il y eut cependant une econciliation sincère entre le roi et l'infant, et à la mort de Dinizio (7 janvier 1325), l'infant monta sur le trône sous le nom d'Alphonse IV. Il prit part à la victoire du roi de Castille sur les Musulmans, à la journée mémorable du Salado, et son règne eût été prospère si, de même que le roi Alphonse, n'étant encore qu'infant, s'était armé contre son père, l'infant Pedro ne se fût armé contre lui.

L'infant avait épousé la princesse Constance, fille du roi de Castille. L'une des dames de la suite de Constance, Inès de Castro, inspira à Pedro une passion violente. Constance étant morte peu de temps après, l'infant vécut publiquement avec Inès, que probablement il avait épousée en secret, et il en eut plusieurs enfants. Trois seigneurs portugais, jaloux de la faveur dont jouissaient auprès de l'infant les deux frères d'Inès, arrachèrent au roi la condamnation d'Inès de Castro, et allèrent l'assassiner eux-mêmes dans le couvent de Sainte-Claire, à Coïmbre, où, pressentant son sort, elle avait cherché un asile. Pedro furieux, en apprenant cet assassinat, fit la guerre à son père, qu'il avait jusque-là traité avec la plus entière soumission. Un accommodement fut ménagé entre le père et le fils par l'archevêque de Braga, et Alphonse vécut encore deux ans, pendant lesquels la guerre civile ne se renouvela pas. Alphonse IV mourut le 28 mai 1357. Sous son règne, Lisbonne avait été en partie renversée par un affreux tremblement de terre (1344), et la peste avait décimé la population du Portugal (1348). Le roi Alphonse IV n'avait rien ménagé pour effacer autant qu'il était en lui les suites de ces désastres.

Le règne de Pedro Ier est signalé par une paix non interrompue; ce fut pour le Portugal une époque de prospérité (1348 à 1357). Pedro Ier conclut avec Pierre le Cruel, roi de Castille, un traité par lequel il s'obligeait à lui livrer les Espagnols réfugiés en Portugal, tandis que le roi de Castille lui livrerait les assassins d'Inès de Castro. Cet échange eut lieu en effet, et Pedro fit périr les meurtriers de sa bien-aimée dans d'affreux supplices. Il déclara son mariage avec Inès de Castro, et fit à cette princesse de magnifiques funérailles, avant lesquelles son corps, revêtu d'habits royaux, la couronne sur la tête, reçut des grands du royaume les mêmes hommages que si elle eût été vivante (1352). On accusa Pedro Ier de cruauté, à cause de son inflexible sévérité envers les criminels ; mais on ne l'a jamais accusé d'avoir arbitrairement frappé des innocents. On cite le trait suivant du genre de justice exercé par ce prince. Une femme, dont le mari avait été assassiné par un prêtre, porta plainte à Pedro Ier, qui lui conseilla de faire tuer le prêtre : la veuve n'y manqua pas. Le meurtrier du prêtre fut arrêté et condamné à mort. Mais le roi demanda quelle peine avait subie le prêtre après avoir assassiné le mari de la plaignante. On lui dit qu'il lui avait été interdit d'remplir ses fonctions sacerdotales. « Très bien, dit le roi. Le meurtrier du prêtre est tailleur de pierres; il ne taillera plus de pierres désormais : ce sera sa punition. »

Fernando, successeur de Pedro Ier, trouva dans l'état le plus florissant l'agriculture, le commerce et les finances publiques du Portugal ; mais, sous son règne (1367 à 1383), tous ces éléments de prospérité disparurent. Se prétendant héritier légitime de la couronne de Castille, Fernando se ligua contre Henri de Transtamare, meurtrier et successeur de Pierre le Cruel, avec le roi d'Aragon et l'émir de Grenade, encore très puissant à cette époque dans le midi de l'Espagne. Aussi peu capable d'activité pendant la guerre que d'ordre pendant la paix, il ruine le pays, s'allie aux Anglais, qui commettent en Portugal des excès révoltants, rompt sans motifs les traités les plus solennels, et livre son royaume aux intrigues de Léonor de Telles, sa femme, qu'il avait épousée après avoir contraint le premier mari de cette femme à divorcer. A la mort de Ferdinand (1383), la reine Léonor, sa veuve, s'empare d'abord de l'autorité avec son favori Aadeiro, comte d'Ourem. Le grand-maître de l'ordre militaire d'Avis, Jean, fils de Pedro Ier et d'Inès de Castro, tue le comte d'Ourem, s'empare du pouvoir d'abord sous le titre de défenseur (1384), puis sous celui de Jean Ier, roi de Portugal (1385). La reine Léonor, exilée, se retire en Castille.

Sous le règne de Jean Ier (1385 à 1433), la guerre avec la Castille se poursuivit avec des fortunes diverses, jusqu'à la sanglante bataille d'Aljubaratta (14 août 1385). Cette victoire décisive des Portugais assure l'indépendance du royaume; la paix entre les deux couronnes de Portugal et de Castille ne fut néanmoins signée que beaucoup plus tard, en 1411. Jean Ier dirigea ensuite contre les Maures d'Afrique le courage entreprenant de sa nation, et s'empara de Ceuta sur le rivage africain (1415). C'est à dater de la prise de Ceuta que les Portugais commencèrent à étendre leurs découvertes maritimes sur les côtes d'Afrique ; ce fut ainsi qu'ils reconnurent l'île de Madère, le 8 juillet 1419. Le roi Jean Iᵉʳ mourut à Lisbonne le 14 août 1433. Les désastres du règne de son prédécesseur étaient réparés, et l'infant Duarte, l'aîné de ses fils, trouva le royaume dans la situation la plus prospère.

De grands désastres remplirent le court règne du roi Duarte (1433 à 1438). Deux de ses frères, les infants Pedro et Fernando, entreprirent avec des forces insuffisantes une guerre impolitique contre les Maures d'Afrique. Leur armée fut détruite, et l'infant Fernando resta prisonnier des Maures, chez lesquels il mourut après plusieurs années de captivité. Le chagrin de ne pouvoir délivrer un frère qu'il aimait tendrement abrégea les jours de Duarte, qui mourut le 9 septembre 1438.

Pendant la minorité d'Alphonse V, qui monta encore enfant sur le trône de son père, la régence fut vivement disputée entre l'infant Pedro, oncle du jeune roi, et Léonor sa mère, qui finit par être expulsée du royaume et forcée de se réfugier à Tolède. Lorsque Alphonse V prit en main le gouvernement (1448), il fit plusieurs campagnes contre les Maures d'Afrique, et perdit beaucoup de monde devant Tanger, qu'il ne put prendre. De retour en Portugal (1464), Alphonse V ne détourna pas ses regards de cette terre d'Afrique, dont les côtes étaient constamment explorées par les navigateurs portugais qui avaient doublé le cap Bojador, puis le cap Vert. Alphonse, dans une nouvelle campagne, prit Arzilla et occupa sans coup férir Tanger, que ses habitants avaient abandonné à son approche. Revenu en Portugal, il soutint contre Ferdinand et Isabelle, auxquels il disputait le trône de Castille, une guerre désastreuse (1476). En vain, pour soutenir ses prétentions à cette couronne, Alphonse V chercha à s'appuyer soit sur Louis XI, roi de France, soit sur Charles le Téméraire, duc de Bourgogne ; il finit par y renoncer et par faire la paix avec Ferdinand et Isabelle (1479). Il avait presque totalement cessé de s'occuper des affaires publiques, lorsqu'il mourut en 1481.

Le prince Jean, qui succéda à son père sous le nom de Jean II, régnait déjà de fait avant la mort d'Alphonse V. Ce monarque commit la faute irréparable de rejeter les offres de Christophe Colomb, qui aurait donné le nouveau monde au Portugal, si Jean II avait écouté ses propositions. Après un règne de 14 ans, Jean II mourut le 25 octobre 1495, laissant la couronne à son cousin, l'infant Emmanuel. Il avait perdu l'infant Alphonse, son fils légitime, et n'avait pas réussi à faire légitimer son fils naturel, le prince Georges, qu'il fit duc de Coïmbre. Ce fut sous le règne d'Emmanuel que Vasquèz, plus connu sous le nom de Vasco de Gama, doubla le cap des Tempêtes, qu'Emmanuel voulut nommer cap de Bonne-Espérance. Les découvertes, les conquêtes et les établissements des Portugais aux Indes, sous le roi Emmanuel, appartiennent à l'histoire de l'Asie. Le roi Emmanuel, surnommé le Grand par les historiens de son temps, mourut à Lisbonne le 13 décembre 1521. Le prince Jean, l'aîné de ses fils, lui succéda sous le nom de Jean III. Sous son règne, la puissance du Portugal s'étend dans les Indes, et la guerre se poursuit avec des chances variables sur les côtes d'Afrique contre les Maures. D'affreux tremblements de terre détruisirent une partie de Lisbonne (1531) ; mais la sage administration du roi Jean III rendait le Portugal heureux et prospère, sauf ces désastres, que nul ne pouvait empêcher.

Aucun événement important ne signala en Europe la minorité du jeune roi Sébastien, successeur de Jean III, durant la régence de sa grand'mère, la reine Catherine, et de son oncle, le prieur de Crato. Parvenu à sa majorité, Sébastien fit avec acharnement la guerre aux Maures d'Afrique, et leur livra une grande bataille où l'armée portugaise fût anéantie (1578). Bien que le corps du roi Sébastien ait été rapporté en Portugal, la mort de ce prince est restée douteuse pour beaucoup de ses contemporains, et à plusieurs reprises de prétendus Sébastiens se sont présentés réclamant la couronne, et n'ont obtenu que la potence.

Le cardinal Henri, qui prit le titre singulier de *prêtre-roi*, succéda à son neveu Sébastien ; il était à la fois archevêque, grand inquisiteur et roi de Portugal. A sa mort (1580), un prince de la famille royale, Antonio, prieur de Crato, tenta de saisir la couronne ; mais il ne put lutter contre la puissance de Philippe II, roi d'Espagne, qui fit faire par le duc d'Albe la conquête du Portugal (1585). L'histoire du Portugal se trouva dès lors confondue temporairement avec celle de la monarchie espagnole.

Philippe III succéda sans opposition à son père Philippe II (1598). La nullité complète de ce roi, due à la mauvaise éducation que son père lui avait fait donner à dessein, le livra entièrement à l'influence de son favori, le duc de Lerme, qui mit à l'ordre du jour la corruption et la vénalité avouée de tous les emplois publics. La décadence de la puissance espagnole marcha rapidement, quoique le roi d'Espagne conservât presque toutes ses possessions ; le dernier coup lui fut porté par l'expulsion des Maures, qui formaient alors la partie la plus active de la population de la péninsule. Rien ne peut donner une idée des malheurs de ces exilés, dont le nombre dépassait 600,000. Ceux qui cherchèrent un asile chez leurs coréligionnaires d'Afrique furent impitoyablement dépouillés, massacrés ou réduits en esclavage ; la race des anciens conquérants de la péninsule hispanique s'éteignit au sein des plus affreuses calamités. Ce fut sous le règne déplorable de Philippe III que l'Espagne, après une lutte conduite dans les derniers temps de part et d'autre avec assez peu d'activité, fut forcée de reconnaître l'existence indépendante de la Hollande, sous le nom de République des Provinces-Unies (1609). Bien que Philippe III ait fini par se lasser du duc de Lerme et par le disgracier (1618), et qu'il ait fait instruire le procès de Rodrigue Calderon qui avait eu sous le duc de Lerme la principale part dans le maniement des affaires publiques, Philippe III n'introduisit dans l'administration aucune amélioration sérieuse. A sa mort (31 mars 1621), il laissait cinq enfants : Philippe qui lui succéda sous le nom de Philippe IV ; les infants Charles et Ferdinand, dont le dernier entra dans l'Église et fut cardinal ; et deux infantes, Anne, reine de France, et Marie, reine de Hongrie.

Philippe IV monta sur le trône à l'âge de 17 ans ; il laissa régner sous son nom Olivarèz, son favori, qui porta le nom singulier de *comte-duc*, et qui fut pour Philippe IV ce que le duc de Lerme avait été pour Philippe III. Sous son règne, les Catalans, poussés à bout par des vexations de tout genre, se soulevèrent, et il fallut que les troupes royales fissent le siége de Barcelone. Olivarèz, pendant la révolte des Catalans, subit un autre échec plus grave. Le Portugal, gouverné pour le compte de l'Espagne par le ministre Vasconcellos, ressaisit son indépendance. Une conspiration habilement conduite par Pinto Ribeira, secrétaire du duc de Bragance, mit ce prince sur le trône de Portugal sous le nom de Jean IV ; la maison de Bragance occupe encore ce trône de nos jours.

Philippe IV, fort irrité de la décadence croissante de ses États, se sentant parfaitement incapable d'y remédier, disgracia le comte-duc Olivarèz ; mais les affaires publiques n'en marchèrent pas mieux. A sa mort (1665), les possessions de la couronne d'Espagne étaient fortement entamées en Italie, en Amérique et dans les Pays-Bas, et la France lui avait enlevé le comté de Roussillon. Il ne laissait qu'un fils qui lui succéda sous le nom de Charles II, et deux filles, dont l'une, l'infante Marie-Thérèse, était reine de France, et l'autre, l'infante Marguerite, était reine de Hongrie. Le règne de Charles II, qui n'avait ni santé ni énergie, et qui ne pouvait espérer d'être père, se passa en misérables intrigues de cour ; il eut la douleur de voir s'agiter autour de lui ceux qui d'avance se partageaient sa succession, comme si déjà elle eût été ouverte. Malgré ses préférences pour la maison d'Autriche à laquelle il appartenait, Charles II légua par son testament la couronne d'Espagne au duc d'Anjou, petit-fils de Louis XIV, ce qui donna lieu à la lutte connue dans l'histoire sous le nom de guerre de la succession. Le duc d'Anjou, qui prit comme roi d'Espagne le nom de Philippe V, finit par l'emporter sur l'archiduc d'Autriche, son compétiteur, grâce aux talents militaires du maréchal de Berwick et du duc de Vendôme, auxquels il avait confié le commandement de ses armées, et la couronne d'Espagne lui resta sans contestation. Philippe V n'était pas capable de rendre à l'Espagne sa prospérité antérieure. Dominé longtemps par la princesse des Ursins, qu'il disgracia en épousant sa seconde femme, la princesse de Parme, il donna tout pouvoir à cette princesse et à son ministre Albéroni, qui avait su s'élever par l'intrigue de la plus basse condition à la dignité de cardinal. Les intrigues politiques du cardinal Albéroni n'aboutirent qu'à entraîner l'Espagne dans des guerres désastreuses qui amenèrent sa disgrâce. Dégoûté des affaires, Philippe V abdiqua en faveur de l'infant Louis, son fils ; celui-ci étant mort peu de temps après, Philippe V reprit la couronne et mourut d'une attaque d'apoplexie (juillet 1748). -

Aucun événement important ne signala le règne de Ferdinand VI, successeur de Philippe V. Après 11 ans d'un règne paisible, pendant lequel l'Espagne avait fait quelques progrès vers un avenir meilleur, Ferdinand VI mourut sans enfants (1759), et laissa la couronne à son frère l'infant Charles, déjà roi de Naples, qui lui succéda sur le trône d'Espagne sous le nom de Charles III.

Sous le règne de ce prince (1759 à 1788), deux ministres de talent, le comte d'Aranda et le marquis de Florida Bianca, entrèrent résolument dans la voie des réformes, et introduisirent quelques améliorations qui rendirent à l'Espagne une ombre de prospérité passagère. A la mort de Charles III, ce prince laissait trois fils, dont l'aîné, l'infant Pascal, était idiot, ce qui le fit exclure de la succession au trône ; le second régna sous le nom de Charles IV, et Ferdinand, le troisième, fut roi de Naples.

Charles IV laissa tomber l'une après l'autre les institutions ébauchées par son prédécesseur. Dominé par la reine et par le favori de celle-ci, Godoï, homme d'une capacité fort limitée, il laissa les abus et la décadence aller leur train, fit imprudemment la guerre à la France, alors en république, ce qui acheva de ruiner les finances de l'Espagne, et fut sur le point d'être détrôné par l'infant Ferdinand, son fils, ennemi déclaré de Godoï. Ces divisions intestines avaient lieu au moment de la plus grande puissance de Napoléon Ier ; elles allèrent si loin, que Charles IV fit arrêter l'infant Ferdinand, et ne lui rendit la liberté qu'après lui avoir fait signer l'aveu de sa révolte et l'abandon de ses complices. Cependant les armées de Napoléon débordaient sur l'Espagne et le Portugal sans intention déclarée de conquête, lorsque des troubles violents éclatèrent à Aranjuez, séjour d'été de la famille royale d'Espagne. A la suite de ces troubles qui paraissaient dirigés contre le favori Godoï, Charles IV abdiqua, et l'infant fut proclamé roi sous le nom de Ferdinand VII.

Attirés séparément à Bayonne, Ferdinand VII d'une part, Charles IV avec sa femme et Godoï de l'autre, se livrèrent aux emportements les plus violents, aux récriminations les plus amères. Enfin, Ferdinand VII abdiqua en faveur de son père; Charles IV céda sa couronne à Napoléon, toute la famille royale d'Espagne demeura au pouvoir de Napoléon, et l'un de ses frères, Joseph-Napoléon, fut proclamé roi d'Espagne (1808). La résistance opiniâtre de la nation espagnole à l'invasion française, les secours qu'elle obtint de l'Angleterre, l'évacuation de la péninsule par les Français, remplirent l'intervalle de 1808 à 1813; l'Espagne insurgée fut gouvernée par les juntes provinciales d'abord, puis par les cortès. A la chute de l'empire, Ferdinand VII, rendu à la liberté, reçut ses passeports, et quitta avec ses frères le château de Valençay, où il avait été retenu prisonnier depuis 1808. De retour en Espagne (mars 1814), Ferdinand VII y rétablit le pouvoir absolu et l'exerça de fait jusqu'en 1820. A cette époque, Riégo, par une insurrection militaire, fit jurer par Ferdinand VII la Constitution libérale donnée à l'Espagne par les cortès en 1812. Trois ans plus tard, une armée française, commandée par le duc d'Angoulême, rétablit en Espagne Ferdinand VII dans la possession du pouvoir absolu, et ce roi fit exécuter Riégo (1823). N'ayant eu que deux filles de son mariage avec la princesse Christine de Naples, sa parente, Ferdinand VII déclara héritière de la couronne sa fille Isabelle. A la mort de Ferdinand VII (1832), sa veuve, la reine Marie-Christine, gouverna comme régente pendant la minorité de sa fille, la reine Isabelle II, actuellement régnante, et eut à soutenir une longue guerre civile contre les partisans de don Carlos, qui se prétendait héritier du trône. Devenue majeure, la reine Isabelle II prit en main les rênes du gouvernement.

Les deux événements les plus importants de son règne ont été jusqu'à ce jour la levée de boucliers des héritiers de don Carlos, promptement réprimée (1860), suivie de la renonciation du prétendant à ses droits à la couronne, et une campagne brillante en Afrique contre l'empereur du Maroc, sous les ordres du maréchal O'Donnell.

Il ne reste, pour compléter cet aperçu de l'histoire de la péninsule hispanique, qu'à résumer les principaux événements du règne des princes de la maison de Bragance en Portugal. Jean IV, élevé au trône presque malgré lui (1640), fut forcé, malgré ses dispositions naturelles à la clémence, de punir sévèrement plusieurs des grands de son royaume qui conspiraient pour remettre le Portugal sous le joug de l'Espagne. Il trouva le pays dans un état déplorable, sans commerce extérieur, sans finances, sans armée, ruiné systématiquement par le précédent gouvernement. Il sut tout réparer, autant que possible, par une sage administration, et la bataille de Villa Viciosa, gagnée par les Portugais sur les Espagnols (1654), assura définitivement l'indépendance du Portugal.

A la mort de Jean IV, surnommé *le Fortuné* (1656), son fils aîné, Alphonse VI, fut proclamé roi, et l'autorité fut exercée jusqu'à sa majorité par la régente sa mère. Dès qu'il fut en âge de régner par lui-même, ses violences et son incapacité manifeste ayant lassé les Portugais, Alphonse VI fut contraint de céder le pouvoir à son frère, l'infant Pedro ; puis il fut retenu prisonnier aux îles Açores, où il vécut encore plusieurs années complétement oublié. Pedro régna d'abord comme régent jusqu'en 1683, puis, comme roi de Portugal, sous le nom de Pierre II. A sa mort (9 décembre 1705), il laisse la couronne à son fils Jean V, qui rend le repos au Portugal, en faisant la paix à d'assez bonnes conditions avec l'Espagne (1715). Ce prince avait pris une part fort active à la guerre de la succession d'Espagne, et s'était prononcé en faveur de l'Autriche contre la France.

Jean V mourut le 31 juillet 1750, et son fils, l'infant Joseph, monta sur le trône sous le nom de Joseph Ier. C'est à dater du règne de ce prince que les rois de

Portugal prirent le titre de *très fidèles*, que leur conféra le pape Benoît XIV. La lutte prolongée contre l'Espagne, et les causes profondes de dépression morale qui avaient pesé sur le Portugal sous le règne des trois Philippe d'Espagne, avaient sensiblement réduit l'activité intellectuelle de la nation portugaise ; un voyageur éclairé, qui visita le Portugal à cette époque, remarque avec surprise qu'il n'y avait alors dans tout le pays *aucune* bibliothèque publique. Joseph Ier fit de louables efforts pour relever sa nation.

Une conspiration, dont le but ne fut jamais bien connu, fut ourdie contre lui ; deux balles l'atteignirent, mais sans le blesser mortellement, dans sa voiture, tandis qu'il se rendait d'Alcantara à Belém (3 septembre 1758). Le roi se remit bientôt de ses blessures et ne cessa pendant tout son règne de travailler activement au bien-être de son peuple, secondé dans ses efforts par son ministre, le marquis de Pombal.

A sa mort (24 février 1777), Joseph Ier laissa la couronne à sa fille aînée Marie, qui régna conjointement avec son mari l'infant Pedro. Bien que la reine Marie fût seule reine de son chef, l'infant Pedro porta le titre de roi jusqu'à sa mort (25 janvier 1786).

La reine Marie continua de gouverner le Portugal jusqu'en 1792. A cette époque, cette princesse perdit la raison, et son fils, le prince du Brésil, gouverna avec le titre de prince-régent ; s'étant déclaré, à l'époque des guerres de la révolution française, partisan de la coalition, et n'ayant pu prévenir l'invasion du Portugal par les armées françaises, l'infant Jean, prince du Brésil, régent du royaume, prit le parti d'abandonner ses États et de se retirer au Brésil (1807). Napoléon Ier déclara que la maison de Bragance avait cessé de régner en Portugal. Quand les armées françaises évacuèrent la péninsule, la reine Marie, toujours privée de sa raison, ne pouvait exercer le pouvoir qui fut confié de fait à un Anglais, lord Beresford.

A la mort de la reine, le régent Jean, qui habitait toujours le Brésil, prit le titre de roi sous le nom de Jean VI ; mais il ne revint en Portugal qu'en 1821. Il mourut d'apoplexie le 10 mars 1826.

Son fils, l'infant Pedro, régna à sa mort sous le nom de Pedro Ier, comme souverain du Brésil, et Pedro IV, comme roi de Portugal. Malheureusement le règne de ce prince fut fort agité, et, le 29 avril 1826, il abdiqua en faveur de sa fille mineure, la reine Marie II, laissant la régence entre les mains de son frère l'infant Miguel. Celui-ci, après avoir accepté la régence et gouverné deux ans pour le compte de sa nièce, se fit proclamer roi de Portugal (1828). En apprenant cette usurpation, le roi Pedro, qui était retourné au Brésil, où il avait cédé la couronne à son fils Pedro II, actuellement régnant, avec le titre d'empereur du Brésil, revint en Europe, et, soutenu par l'Angleterre, replaça la couronne sur la tête de sa fille devenue majeure. Le roi Miguel se réfugia en Italie.

A la mort de la reine Marie II (1848), son fils monta sur le trône, d'abord sous la tutelle de son père, le prince de Saxe-Cobourg, veuf de la reine Marie, puis comme roi de fait, depuis sa majorité. C'est le souverain actuellement régnant en Portugal sous le nom de Pedro V.

Le Mans. — Imp. Étiembre et Beauvais, place des Halles, 19.